MÉMENTO DES ENCHÈRES ET CONVENTIONS À LA FRANÇAISE

offert par Charles
en novembre 2001

Robert Berthe

MÉMENTO DES ENCHÈRES ET CONVENTIONS À LA FRANÇAISE

BERNARD GRASSET
PARIS

AVANT - PROPOS

Le système de la Majeure Cinquième, plus ou moins agrémenté de conventions et de gadgets, est pratiqué par la quasi-totalité des joueurs français.

Dans une précédente édition, j'en avais résumé l'essentiel.

Il m'a semblé souhaitable, d'une part de le réactualiser pour tenir compte des évolutions qu'il a subies depuis lors, et d'autre part de le compléter par les conventions les plus courantes.

L'ouvrage que vous avez entre les mains ne se lit pas " comme un roman ". En revanche, il peut être utilisé avec profit :

- comme support de cours pour les enseignants,
- comme document de référence, par exemple pour vérifier le caractère forcing d'une enchère,
- par des partenaires pour la mise au point de leur système. Ce travail en commun leur permettra d'éviter un certain nombre de pataquès, notamment quand plusieurs options contradictoires existent à l'égard de certaines situations, par exemple :

S	**O**	**N**	**E**
		1♣	1♡
contre			

Le contre promet quatre cartes à Pique quand on pratique le Spoutnik moderne et les dénie dans le cas contraire...

Pour la rédaction de cet ouvrage, je me suis inspiré des idées, conseils, articles divers et ouvrages de quelques éminents confrères, Michel BESSIS, Philippe CRONIER, Claude DELMOULY, Marc KERLERO, Michel LEBEL, Alain LÉVY, Jean-Marc ROUDINESCO, Philippe SOULET, François VERNERET...

Je leur en suis très reconnaissant.

Ma gratitude va également au Docteur Pierre CAILLET qui a examiné mon manuscrit avec sa minutie coutumière, et une fois de plus à mon ami Norbert LÉBELY qui a participé activement à sa rédaction et à sa mise en forme.

A ce propos, je ne saurais trop vous conseiller de mener de front l'étude du présent mémento et des *Exercices à la Française* de Marc KERLERO et Norbert LÉBELY dont les plans sont pratiquement identiques.
Vous en tirerez ainsi le meilleur profit.

Robert BERTHE

SOMMAIRE

I - GÉNÉRALITÉS - ÉVALUATION DES MAINS - OUVERTURES

II - DÉVELOPPEMENTS APRÈS UNE OUVERTURE PRÉCISE

III - DÉVELOPPEMENTS APRÈS UNE OUVERTURE AMBIGUE
A - RÉPONSES

B - REDEMANDES DE L'OUVREUR

C - REBIDS

IV - ENCHÈRES ET CONVENTIONS DE CHELEM

V - ENCHÈRES DE LA DÉFENSE

VI - ANNEXES

I

GÉNÉRALITÉS
ÉVALUATION DES MAINS
OUVERTURES

GÉNÉRALITÉS - ÉVALUATION DES MAINS

ÉVALUATION EN POINTS

Points d'honneurs (H)

Evaluation d'après la méthode classique : As = 4, Roi = 3, Dame = 2, Valet = 1, en tenant compte des corrections dues :

- aux plus-values : honneurs groupés et de préférence dans les couleurs longues, présence de nombreux 10 et 9, honneurs bien placés en fonction des enchères...

- aux moins-values : honneurs secs même l'As, combinaison de deux honneurs secs (on les dévaluera d'un point), honneurs isolés, honneurs situés dans les courtes plutôt que dans les longues, honneurs mal placés en fonction des enchères, absence de cartes intermédiaires (10 et 9)...

Points de longueur (L)

Par carte à partir de la cinquième dans les couleurs convenables (Axxxx - Rxxxx - DVxxx) : + 1

Points de distribution (D)

- Chicane : + 3
- Singleton : + 2
- Doubleton : + 1
- Par atout à partir du neuvième connu dans le camp : +1 (avec un jeu irrégulier et de nombreuses possibilités de coupe, notamment du côté court, on ajoutera 2 points au lieu d'un seul).

C'est le joueur qui en est avisé le premier qui opère la correction.

Compte de points à prendre en considération pour les différentes enchères

Evaluation initiale : points HL

Evaluation corrigée : points HLD, dès qu'un fit est découvert explicitement ou implicitement.

A contrario, on ne manquera pas de dévaluer la main en cas de misfit caractérisé.

La plupart du temps, c'est à ces catégories de points H, HL ou HLD qu'il faudra se référer.

Points nécessaires pour la réalisation d'un contrat

	A Sans-Atout	A la Couleur
au niveau de 1	: 20 - 22 HL	20 - 22 HLD
au niveau de 2	: 23 - 24 HL	23 - 24 HLD
au niveau de 3	: 25 - 26 HL	25 - 26 HLD
au niveau de 4	: 27 - 29 HL	27 - 29 HLD
au niveau de 5	: 30 - 32 HL	30 - 32 HLD
au niveau de 6	: 33 - 36 HL	33 - 36 HLD
au niveau de 7	: 37 HL et plus	37 HLD et plus

AUTRES MODES D'ÉVALUATION

Levées de jeu (LJ)

Ce mode d'évaluation, essentiellement réservé aux mains unicolores, comprend les levées d'honneurs et les levées de longueur :

Levées d'honneurs : leur nombre est déterminé par le pourcentage de chances de réalisation. Exemples : A = 1 - Rx = ½ - AD = 1½ - RDx = 1½ - ARV = 2½ - RV10 = 1½ - RVx ou DVx = 1 (en réalité ¾ seulement...)

Levées de longueur : une demi-levée pour la quatrième carte d'une couleur et une par carte à partir de la cinquième.

Compte en perdantes

Il est utilisé pour les mains bicolores :

- *dans les couleurs longues,* on compte une perdante par gros honneur (ARD) manquant, (en ajoutant une demi-perdante si la couleur est de mauvaise qualité). Donc, dans les couleurs de plus de 3 cartes, il n'y a jamais plus de 3 perdantes.

- *dans les couleurs courtes,* on compte une perdante par petite carte, une demi-perdante pour un Roi et zéro perdante pour un As.

Exemple : ♠ ADV64 - ♡ RV1093 - ◇ A4 - ♣ 2
1 + 2 + 1 + 1 = 5 perdantes

REMARQUE D'ORDRE GÉNÉRAL

Chaque fois que cela a été nécessaire, l'accent a été mis sur les corrections à apporter :

- soit par un signe + (plus-value) ou – (moins-value) à côté du nombre de points requis pour l'enchère correspondante,

- soit dans les tableaux en disposant certaines fourchettes à cheval sur deux zones de points.

OUVERTURE DES JEUX RÉGULIERS (4333-4432-5332) *
SANS MAJEURE CINQUIÈME

< 12	12	13	14	15	16	17	18	19	20	21	22	23	24 et +
Passe	(1)	1♣ - 1◇			1 SA		1♣ -1◇		2 SA		2♣ (2)		2◇ (3)

** Pour des raisons d'anticipation, on peut parfois être amené à ouvrir d'1SA certaines mains semi-régulières, par exemple de distribution :*

- *5422 de force insuffisante pour permettre une redemande en bicolore cher, (♠R 2 - ♡A V 10 5 - ◇D 4 - ♣A V 10 6 3),*
- *6322 à honneurs dispersés (♠R V 7 - ♡D 8 - ◇A V 9 6 5 3 - ♣A 5)*

1) On peut passer avec une main 4333 sans As, notamment à honneurs éparpillés
2) 2♣ Fort Indéterminé page 34
3) 2◇ Forcing de Manche page 35

CHOIX DE LA COULEUR D'OUVERTURE
(zones 12-15⁻ et 18⁺-19)

Répartition 4333

a) 4 Trèfles 333 : ouvrir d'1♣,
b) 4 Carreaux 333 : ouvrir d'1◇. On pourra toutefois ouvrir d'1♣ si les Carreaux sont particulièrement laids ou que la redemande après la réponse de 2♣ n'est pas évidente,
c) 4 majeure 333 : ouvrir d'1♣,

Répartition 4432

a) Les deux mineures 4èmes : ouvrir d'1◇ (on peut toutefois préférer 1♣ pour des raisons d'entame ou d'anticipation sur la redemande).
b) Les deux majeures 4èmes : ouvrir de la mineure troisième.
c) Une majeure 4ème et une mineure : ouvrir de la mineure.

Répartition 5332 : ouvrir de la mineure 5ème.

ATTITUDE ULTÉRIEURE

Après ouverture de la mineure, on choisira **par ordre de priorité absolue** de :

a) soutenir au niveau approprié la majeure répondue (fit 4ème),
b) nommer une majeure au niveau de un si c'est possible (après 1♣ 1◇, redemander 1♡ avec 4 Cœurs et 4 Piques),
c) redemander Sans-Atout :
   - au niveau le plus bas dans la zone 12-15⁻
   - avec saut dans la zone 18⁺-19.

OUVERTURE DES JEUX NON RÉGULIERS ET DES MAINS 5332 AVEC UNE MAJEURE CINQUIÈME

< 12	12	13	14	15	16	17	18	19	20	21	22	23	24 et +
	1♣ 1♢ 1♡ 1♠ (1)								(2)				
Barrages (5)									2♣ (3)				2♢ (4)

1) Voir ci-dessous choix de la couleur d'ouverture et attitude ultérieure
2) Dans la zone 20-23, seulement si l'ouverture de 2♣ Fort Indéterminé s'avère impossible.
3) 2♣ Fort Indéterminé (voir page 34).
4) 2♢ Forcing de Manche (voir page 35).
5) Voir page 31

CHOIX DE LA COULEUR D'OUVERTURE ET ATTITUDE ULTÉRIEURE

PRINCIPE FONDAMENTAL

Ouvrir de la couleur la plus longue et de la plus chère en cas d'égalité de longueur.

PARTICULARITÉS

Bicolores 5♣ et 5♠

13-15 HL : ouvrir classiquement d'1♠.
16-17 HL : ouvrir d'1♣, annoncer les Piques *, puis les répéter.
18-19 HL : ouvrir d'1♣, annoncer les Piques, puis les répéter avec saut.
20-23 HL : ouvrir d'1♣, annoncer les Piques avec saut, puis les répéter.

** Même après la réponse d'1SA ou derrière une intervention du joueur n°4*

Ex :	***S***	***N***	*ou*	***S***	***O***	***N***	***E***
	1♣	*1SA*		*1♣*	-	*1♡*	*2♢*
	2♠			*2♠*			

Bicolores 6-5

Ouvrir classiquement de la couleur 6^{ème,} lorsque celle-ci est plus chère que la 5ème.

Avec un jeu faible (inférieur à 13 PH), et dans le cas où la couleur de 6 cartes est moins chère que celle de 5, il faut traiter le bicolore comme un 5-5, et donc ouvrir de la plus courte (anticipation sur la redemande).

Tricolore 4441

- avec un singleton mineur : ouvrir de l'autre mineure,
- avec un singleton majeur : ouvrir d'1◇ .

Certaines mains tricolores posent des problèmes de redemande. C'est le cas notamment :

– du 4441 avec singleton Trèfle après 1◇ 2♣ : on sera parfois amené à répéter les Carreaux (une majeure ne peut être nommée qu'avec une main d'au moins 18 pts et il est peu recommandé de redemander 2SA avec un singleton).

– du 4441 avec singleton Pique après 1◇ 1SA : dans ce cas, il faut parler des Trèfles, car un fit 8ème mineur est garanti. Le partenaire, qui a dénié une majeure 4ème, possède au moins 7 cartes en mineure.

– du 4441 avec singleton Pique 1◇ 1♠ : si l'on redemande 1SA, le partenaire jouera parfois 4♠ en fit 6 - 1 ou 2♠ en fit 5 - 1. Et si l'on choisit de nommer les Trèfles, on risque de jouer 2 ◇ en fit 4 - 3, voire 4 - 2 ! Il faut donc du jugement pour choisir la “ moins mauvaise ” redemande, c'est-à-dire :

  * 1SA avec des petits honneurs en fourchette,
  * 2♣ avec des levées de tête.

L'OUVERTURE EN 3ème POSITION

EN MAJEURE

En troisième, on a intérêt à ouvrir avec des mains faibles dans le but :

- de compliquer la tâche des adversaires dans la découverte de leur contrat,
- d'en trouver un soi-même, en attaque ou en défense,
- de donner une bonne entame.

On retrouve là les mêmes avantages que procure une intervention. On ouvrira donc en troisième avec une main qui aurait justifié une intervention dans la situation identique de vulnérabilité.

Cette stratégie vise plus particulièrement les ouvertures en majeure et elle implique que vous utilisiez la convention Drury (voir page 45)

EN MINEURE

La gêne occasionnée par une ouverture mineure est pratiquement nulle. En conséquence, on n'ouvrira faible que :

- si l'on dispose de chances raisonnables de découvrir un bon contrat (partiel). Ce sera notamment le cas quand on possède les deux majeures quatrièmes,
- pour donner une bonne entame. Dans ce cas, afin de ne pas être débordé par la suite, il faudra être en mesure de passer sur la réponse du partenaire. Il sera donc souhaitable de détenir trois cartes dans chacune des majeures.

L'OUVERTURE EN 4ème POSITION

Lorsque l'on possède un jeu voisin de l'ouverture, on est placé devant un dilemme :

- passer, alors qu'il existe peut-être un contrat dans l'axe,
- déclencher les hostilités et permettre alors aux adversaires, qui possèdent eux aussi une vingtaine de points, de découvrir un contrat gagnant. Comme celui-ci sera généralement limité au palier de 2, compte tenu des forces respectives des deux camps, le risque sera plus grand, si les adversaires sont fittés à Pique.

Le nombre de cartes que l'on y possède soi-même est donc un critère déterminant, y être court n'est guère favorable.

Si vous tenez à ce que votre décision tourne le plus souvent à votre avantage, évaluez votre main en points " HP " (points H + nombre de Piques) et ouvrez à 15...(éventuellement à 14, mais pas en dessous).

Ronottalli Sans majeure 4ème n'ouvrir NVul. qu'à 11 HP
Vul qu'à 15 HP

II

DÉVELOPPEMENTS APRÈS UNE OUVERTURE PRÉCISE

- 1SA - 2SA
- 2 FORT
- 2♣ ALBARRAN
- BARRAGES CLASSIQUES
- 2 MAJEUR FAIBLE
- 2♣ FORT INDÉTERMINÉ
- 2◇ FORCING DE MANCHE

RÉPONSES À L'OUVERTURE D'1SA

0 à 7-	7 +	8	9	10	11	12	13	14	15	16	17 et +
Sans majeure quatrième ou plus											
Passe	2 SA (1)		3 SA						4 SA (2)		Chelem
Avec une ou deux majeures quatrièmes											
Passe	2 ♣ Stayman (3)										
Avec une majeure cinquième											
Texas (4)	Texas (4) ou 2 ♣ Stayman (5)		Texas (4)								
Avec une majeure sixième											
Texas (4)	Texas (4)		Texas (4) ou 4♡ - 4♠ (6)					3♡ - 3♠ (7)			
Avec un unicolore mineur											
Texas (4)	2 SA		3 SA ou Texas (8)					3♢ (7)			
0 à 7-	7 +	8	9	10	11	12	13	14	15	16	17 et +

1) L'ouvreur passera ou annoncera 3SA suivant la force de sa main.

2) Enchère non forcing dite " quantitative " (main régulière sans majeure). L'ouvreur ne reparle qu'avec un SA maximum, sinon il passe.

3) Recherche d'un éventuel fit majeur (voir page 22 les réponses et les développements).

4) Voir développements à la page 23.

5) Texas quand la main est régulière (5332), Stayman dans le cas contraire (5431 ou 5440) On utilisera aussi le Stayman avec une main 5332 de 7 PH.

6) Il est possible de nommer directement la manche sans utiliser le Texas :

- si vous souhaitez recevoir l'entame,
- si vous craignez que les adversaires n'interviennent dans les enchères (par exemple en contrant la première réponse en Texas) et ne découvrent ainsi une excellente défense.

7) Avec un espoir de chelem (belle couleur 6ème), le saut naturel est préférable à l'utilisation du Texas.

En majeure, avec le fit (au moins un gros honneur second) :

- si l'ouverture est minimum, l'ouvreur soutient à 4♡ ou 4♠,
- si elle est maximum, il annonce une nouvelle couleur, marquant ainsi son fit et le contrôle de la couleur déclarée.

Sans fit, il " freine " à 3SA.

8) Avec un singleton, on optera plutôt pour un Texas (cf. page 23).

RÉPONSES À L'OUVERTURE D'1SA DÉVELOPPEMENTS

2♣ STAYMAN

Redemandes de l'ouvreur

- sans majeure 4ème :........................ 2◇
- avec 4 Cœurs :............................. 2♡
- avec 4 Piques :............................. 2♠
- avec 4 Cœurs et 4 Piques :.......... 2SA

Compléments :

Si le Stayman est contré (contre d'entame) :

- l'enchère de 2◇ est remplacée par passe. La réponse libre de 2◇ devient alors naturelle et montre une belle couleur 5ème,
- l'enchère de 2SA redevient naturelle (beaux arrêts à Trèfle et SA maximum), la présence des 2 majeures 4èmes s'indiquant alors par l'enchère de 3♣.

Deuxième enchère du répondant

- Sur la redemande à 2SA qui montre les 2 majeures, le répondant peut utiliser un transfert spécial pour que le contrat soit joué de la bonne main : 4♣ pour 4♡ et 4◇ pour 4♠. Cette convention n'est en général utilisée qu'avec une certitude de manche. Si ce n'est pas le cas (8-9HLD), le répondant nomme au niveau de trois la couleur dans laquelle le fit existe (enchère non forcing).

- Si, après la réponse à son Stayman, le répondant annonce une couleur majeure, il y montre :

a) 5 cartes et précisément 8-9 HL au palier de deux. En effet, dans cette zone, quand la main est irrégulière, on utilise le Stayman et non le Texas.

Exemple :

S	N	
	1SA	♠ AV742 - ♡ R63 - ◇ 9654 - ♣ 3
2♣	2◇ ou 2♡	Avec les Piques, on peut toujours soit les
2♠		soutenir, soit les nommer.

S	N	
		Avec 5 cartes à Cœur, c'est plus délicat :
	1SA	♠ 3 - ♡ AV742 - ◇ R63 - ♣ 9654
2♣	2♠	Sur 2◇, on dira bien entendu 2♡, mais sur 2♠, il faudra annoncer 2SA. Si Nord, maximum, est décidé à reparler, il devra nommer les Cœurs au passage pour signifier qu'il en possède 3.
2SA		

b) 5 cartes et au moins 9 PH au palier de trois (et 4 cartes dans l'autre majeure)

Exemple :

S	N	
		♠ AV742 - ♡ R1054 - ◇ R8 - ♣ 32
	1SA	On peut inverser le processus pour que le contrat soit joué de la bonne main, c'est-à-dire sauter à 3♡ avec 5 Piques et 4 Cœurs et à 3♠ avec 5 Cœurs et 4 Piques (convention Chassé-croisé).
2♣	2◇	
3♠		

Sinon, le répondant doit :

- demander la manche à Sans-Atout ou en majeure avec 9 à 14-15 HL(D),
- proposer la manche (2SA avec 8-9 HL ou 3 en majeure avec 8-9HLD),
- annoncer 4SA quantitatif avec 16HL sans fit majeur.

Nommer une couleur mineure au niveau de trois :

S	N
	1SA
2♣	2♡
3♣	

peut revêtir plusieurs significations : inconvénient pour Sans-Atout (singleton ou chicane dans une couleur non nommée), fit majeur et espoir de chelem. L'ouvreur dit 3SA avec les arrêts adéquats ou nomme une force au palier de trois. Le répondant clarifiera ultérieurement.

CONVENTION TEXAS

Le Texas est une convention dont le but est double :

- se ménager un plus grand nombre de paliers d'enchères,
- faire jouer le coup par l'ouvreur, ce dernier ayant en général intérêt à recevoir l'entame.

Elle consiste à annoncer la couleur située juste en-dessous de celle que l'on possède réellement :

- 2◇ pour les Cœurs, 2♡ pour les Piques (Texas majeur),
- 2♠ pour les Trèfles, 3♣ pour les Carreaux (Texas mineur).

Avec un espoir ou une certitude de manche, son utilisation dénie la présence d'une majeure 4ème, car le Stayman serait prioritaire.

TEXAS MAJEUR

- Le plus souvent, l'ouvreur rectifie au palier de deux. Sur cette rectification, le répondant :

  - passe avec une main de 0 à 7 points,
  - propose la manche avec 8-9 HL, en déclarant 2SA avec une main 5332 ou 5422 et 3 de la majeure avec 6 cartes,
  - nomme 3SA avec 9 à 14-15HL (main 5332 ou 5422), la manche majeure (6 cartes - 10 à 13HLD), ou la seconde couleur de son bicolore, s'il le juge utile.
  - saute à 4SA (quantitatif) avec 16HL dans une main 5332.

- Nanti d'une main vraiment maximum, l'ouvreur peut, avec 4 atouts, rectifier au palier de trois.

N.B. Si le N°4 intervient sur le Texas (notamment par un contre d'entame), la rectification libre garantit le fit par 3 ou 4 cartes. Avec un doubleton, l'ouvreur passe.

Cas particulier du bicolore majeur 5 - 5

a) avec un jeu faible :

1 SA 2♡
2♠ -

b) avec un jeu faible, permettant d'envisager manche, si l'ouvreur possède de bonnes cartes * :

1 SA 2◇
2♡ 2♠

c) avec un jeu de manche sans espoir de chelem :

1 SA 4◇
4♡ ou 4♠

d) avec un chelem possible, si l'ouvreur détient les bonnes cartes * :

1 SA 2♡
2♠ 4♡

e) avec un très sérieux espoir de chelem :

1 SA 2♡
2♠ 3♡

** c'est-à-dire le fit dans l'une des majeures, un gros honneur dans l'autre et des couvrantes (As, As Rois) sans points perdus dans les mineures.*

TEXAS MINEUR

Les mains comportant 6 cartes en mineure ne relèvent pas toutes d'un Texas, par exemple :

- les mains fortes avec espoir de chelem à Carreau, qu'il est préférable de décrire par un saut direct :

♠ A V 6 - ♡ R 2 - ◇ A D V 10 6 2 - ♣ 8 4 : répondre 3◇

- les mains de manche sans singleton :

♠ V 7 - ♡ R 9 4 - ◇ V 5 - ♣ R D 9 8 6 2 : dire 3SA et non 2♠ (Texas Trèfle)

- les mains comportant une majeure quatrième et au moins un espoir de manche :

♠ D V 6 2 - ♡ 7 - ◇ 8 3 - ♣ A D 9 6 3 2 : le Stayman est prioritaire sur l'annonce des Trèfles.

Principaux cas d'utilisation du Texas mineur

- Jeu faible avec 6 cartes : ♠ 93 - ♡ 52 - ♢ V42 - ♣ DV1073

- Jeu de manche avec 6 cartes comportant un singleton. On l'indique de la façon suivante :

. singleton majeur : en nommant l'autre majeure après la rectification du Texas,

. singleton mineur : en déclarant 3SA après la rectification du Texas.

Exemples :

S	N	S	N
	1SA		1SA
2♠	3♣	3♣	3♢
3♡ singleton Pique		3♡ singleton Pique	
3♠ singleton Cœur		3♠ singleton Cœur	
3SA singleton Carreau		3SA singleton Trèfle,	

Nord réagit en fonction de sa teneur dans la couleur du singleton.

- Bicolore mineur 5-5 dans un jeu de manche : 2♠ pour les Trèfles, suivi de 3♢ sur la rectification,

- Couleur mineure 5ème dans une main 5332 de 16 points HL : Texas mineur, suivi de 4SA quantitatif,

- 5 cartes et plus à partir de 9 points avec un singleton ou bien avec un espoir de chelem.

RÉPONSES À L'OUVERTURE DE 2SA

0 à 4	5	6	7	8	9	10	11	12	13 et plus
Sans majeure quatrième ou plus									
Passe	3SA							4SA[1]	Chelem
Avec une ou deux majeures quatrièmes									
Passe	3 ♣ Stayman [2]								
Avec une majeure cinquième									
Passe ou Texas[3]	Texas [3]								
	Avec une majeure sixième								
Texas	Texas ou bien 4♡ - 4♠ [4]							Texas	
Avec un unicolore mineur									
Texas [3]	3 SA							Texas	
0 à 4	5	6	7	8	9	10	11	12	13 et plus

1) Enchère non forcing dite "quantitative" (main régulière sans majeure). L'ouvreur ne reparle qu'avec une ouverture maximum, sinon il passe.

2) Recherche d'un éventuel fit majeur 4-4 et le cas échéant 3-5 (de préférence au Baron que l'on a tendance à abandonner). Voir page 27 les réponses et les développements.

3) Voir développements à la page 27.

4) Il est possible de nommer directement la manche sans passer par le Texas, en particulier si vous souhaitez recevoir l'entame.

5) RÉPONSES À L'OUVERTURE DE 2SA DÉVELOPPEMENTS

3♣ STAYMAN

Redemande de l'ouvreur

- sans majeure 4ème: .... 3♢
- avec 4 Cœurs : .... 3♡
- avec 4 Piques : .... 3♠
- avec 4 Cœurs et 4 Piques : 3SA

Deuxième enchère du répondant

- Sur la réponse de 3SA qui montre les 2 majeures, le répondant peut utiliser un transfert spécial pour que le contrat soit joué de la bonne main : 4♣ pour 4♡ et 4♢ pour 4♠.

- Si, sur 3♢, le répondant annonce une couleur majeure, il y montre 5 cartes (et 4 dans l'autre majeure). Mais pour que le contrat soit joué de la main forte, on peut inverser le processus, à savoir dire 3♡ avec 5 Piques et 4 Cœurs et 3♠ avec 5 Cœurs et 4 Piques (convention Chassé-croisé).

- Sinon le répondant doit :

- demander la manche (à Sans-Atout ou en majeure) avec 5 à 11 HL(D),
- annoncer 4SA quantitatif avec 12 HL sans fit majeur,
- nommer une couleur au niveau de quatre, s'il le juge utile (enchère naturelle ou fit majeur et espoir de chelem).

CONVENTION TEXAS

- 3♢ .... Texas Cœur
- 3♡ .... Texas Pique

Pour certains, et contrairement à ce qui se pratique sur l'ouverture de 1SA, la rectification du Texas ne s'effectue qu'avec un minimum de 3 cartes. Avec un doubleton, l'ouvreur revient à 3SA. Ce processus présente l'avantage de révéler d'emblée le fit et de faciliter les enchères éventuelles de chelem. En revanche, il ne permet plus de faire un " Texas misère " avec une main faible.

Avec une ouverture maximum et un fit 4ème, l'ouvreur doit rectifier au palier de 4.

- 3♠............................ Texas Trèfle
- 4♣............................ Texas Carreau

Si l'ouvreur n'est pas intéressé, il peut refuser le transfert et redemander Sans-Atout au palier le plus bas (3SA sur 3♠ et 4SA sur 4♣).

- 4♢............................ bicolore majeur 5-5
- 4♡ et 4♠ sont des enchères naturelles conclusives.

DEUX FORT ET DÉVELOPPEMENTS*

< 4	4	5	6	7	8	9	10	11	12	13 et plus
Passe	2SA (1)					3SA (2)				
	Soutien à 4♡ ou 4♠ (3)						Soutien simple (4)			
	Changement de couleur au niveau de deux (5)									
					Changement de couleur au niveau de trois (6)					
< 4	4	5	6	7	8	9	10	11	12	13 et plus

** N'a normalement plus sa raison d'être quand on utilise le 2 Majeur Faible et corrélativement le 2♣ Fort Indéterminé et le 2♢ Forcing de manche.*

1) Forcing pour un tour, pas de fit ni de couleur déclarable, (on sera parfois amené, si aucune autre enchère ne convient, à utiliser cette réponse avec des jeux de force supérieure à celle indiquée).

2) Pas de fit, mais main plutôt régulière avec un arrêt dans chaque couleur.

3) Soutien par 3 ou 4 cartes – enchère d'arrêt.

4) Soutien par un honneur 3ème ou 4 cartes quelconques (enchère forcing de manche avec des ambitions de chelem).

5) Au moins 5 cartes.

6) Au moins 5 cartes par un gros honneur.

RÉPONSES À L'OUVERTURE DE 2♣ ALBARRAN* ET DÉVELOPPEMENTS

2♢	Pas d'As - pas deux Rois - Maximum 7 H	
2SA	Pas d'As - deux Rois ou au moins 8 H	
2♡ 2♠ 3♣ 3♢	L'As de la couleur nommée	ou une variante : (1) 2♡ : un As rouge 2♠ : un As noir
3SA(2)	Deux As	

** N'a normalement plus sa raison d'être quand on utilise le 2 Majeur Faible et corrélativement le 2♣ Fort Indéterminé et le 2♢ Forcing de manche.*

(1) Permet de rester au palier de deux quand le répondant ne détient qu'un As.

(2) Forcing jusqu'au palier de 5.

Attitude de l'ouvreur

- Au deuxième tour, l'ouvreur ne peut nommer une couleur que si elle est au moins 5ème. De ce fait, la redemande à 2SA peut être effectuée avec une main 4441 ou 5 min.431.
- Une demande immédiate de manche avec saut de la part de l'ouvreur est un arrêt absolument impératif. Ex: 2♣ 2♢
  4♡ Passe, car il manque 2 As.
  Le répondant ne reparle qu'avec le fit à Cœur et une chicane. Il nomme alors la couleur de sa chicane.
- Après le départ 2♣ 2SA
  4SA est un arrêt. C'est la redemande à 3SA qui est forcing.
- Après qu'une couleur a été agréée, 4SA par l'ouvreur est un Blackwood aux Rois.

Attitude du répondant

- L'annonce d'une couleur y montre également un minimum de 5 cartes.
- Sur la redemande à 2SA, le répondant utilisera le même processus de réponses que sur l'ouverture de 2SA (Stayman, Texas..).
- Tenu de maintenir les enchères ouvertes jusqu'à la manche, le répondant manifestera sa faiblesse éventuelle en nommant Sans-Atout au palier minimum. Cependant, après avoir témoigné à deux reprises de sa faiblesse (2♢, puis 2SA par exemple), il s'efforcera de sélectionner une enchère utile.

En cas d'intervention adverse

Plusieurs conventions peuvent être employées. Certes, elles comportent quelques variantes, mais l' "esprit" en est le suivant :

– l'enchère de 2♢ est remplacée par passe.

– les autres réponses (couleur de l'As, enchères à Sans-Atout) sont décalées en conséquence.

Cependant, au-delà d'un certain palier, le répondant devra annoncer conformément à la logique de la situation.

– Si l'ouvreur de 2♣ nomme immédiatement la couleur adverse (sans avoir pu la contrer au préalable), l'enchère est naturelle et non cue-bid (défense contre un psychic).

Ex:	S	O	N	E
	2♣	2♠	3♡	-
	3♠ (naturel)			

– Un passe de l'ouvreur au cours de la séquence d'enchères est forcing pour le répondant (“ forcing pass ”). Ce dernier doit enchérir ou contrer, mais il n'a pas le droit de passer.

Ex:	S	O	N	E
	2♣	-	2♢	2♡
	Passe (forcing)			

OUVERTURES DE BARRAGE À PARTIR DU PALIER DE TROIS

Ces ouvertures sont essentiellement destinées à perturber les enchères adverses. Mais pour qu'elles ne fassent pas office de boomerang, il importe de respecter un certain nombre de critères :

- **la force :** en principe pas de plus de 10PH,
- **la distribution :** 7 cartes et plus - pas de majeure 4ème à côté,
- **la qualité de la couleur :** la quasi-totalité des honneurs doit se trouver dans la longue. Mais les ouvertures de 3 en mineure doivent comporter 2 des 3 gros honneurs pour que le partenaire soit assuré de 7 levées s'il détient l'honneur complémentaire.
- **la position à la table :**
  - en premier et surtout en second, il faut être rigoureux, car le risque de gêner ou de tromper son partenaire est énorme,
  - en troisième, les ouvertures au niveau de trois peuvent être un peu plus fantaisistes. Les ouvertures au niveau de la manche, en revanche, peuvent parfois être plus solides, surtout celle de 4♡, puisque l'on gêne les adversaires sans risquer de rater le chelem,
  - en quatrième, les barrages sont plus constructifs, la meilleure façon d'empêcher les adversaires de se manifester consistant tout bonnement à passer !
- **la vulnérabilité :** les barrages sont plus sérieux, dès que le camp est vulnérable,
- **les valeurs défensives** : il faut absolument détenir moins de deux levées de défense.

RÉPONSES AUX OUVERTURES DE BARRAGE

Connaissant de façon suffisamment précise les possibilités offensives et défensives de son camp, le répondant peut :

- passer,
- prolonger le barrage,
- déclarer la manche (mais il ne doit pas enchérir à Sans-Atout sans fit),
- changer de couleur (forcing).

ACTION ULTÉRIEURE

Quelle que soit la tournure des événements, l'auteur d'un barrage ne doit jamais se “remanifester” par la suite, sauf bien sûr en face d'une réponse forcing. C'est son partenaire qui est seul juge de la conduite à tenir.

BARRAGES PARTICULIERS

– **Ouverture de 3SA :** mineure septième affranchie - pas d'arrêt annexe (une Dame seconde est tolérée). Le plus souvent, le répondant passe. S'il ne supporte pas ce contrat, il annonce 4♣ (pour jouer 4♣ ou 4♢) ou 4♢ (pour jouer 5♣ ou 5♢).

– **Ouverture de 4SA :** violent bicolore mineur 6-6 ou 6-5 de trois ou quatre perdantes.

DEUX MAJEUR FAIBLE

Cette convention fort utile :

– permet de découvrir d'excellents contrats, parfois difficiles à atteindre par une autre voie,
– perturbe le dialogue des adversaires qui sont contraints de se manifester à un niveau relativement élevé (effet de barrage)

Pour trouver sa pleine efficacité, le Deux faible doit respecter certains critères :

- **la force :** 6 à 10PH,
- **la distribution :** main unicolore, occasionnellement bicolore, mais jamais 4 cartes dans l'autre majeure ni une répartition 6-5,
- **la qualité :** belle couleur sixième commandée en principe par trois honneurs quelconques ou deux gros honneurs (à la rigueur DV9xxx non vulnérable)
- **les vulnérabilités respectives et la position à la table :** la vulnérabilité entre évidemment en ligne de compte, mais aussi la situation à la table. Ainsi, en troisième position et surtout non vulnérable, on n'exige plus que les critères de longueur. A contrario, en quatrième position, l'ouverture est plus solide.
- **les valeurs défensives :** pas plus d'un As ou d'un Roi en dehors de la couleur longue.

RÉPONSES À L'OUVERTURE DE DEUX MAJEUR FAIBLE

Elles poursuivent deux objectifs :

I - Prolonger le barrage afin de gêner les adversaires dans la découverte de leur meilleur contrat, voire de les mettre en danger.

C'est la raison pour laquelle il est formellement interdit à l'ouvreur de prendre librement une quelconque initiative ultérieure, même si l'adversaire surenchérit.

1) Soutien simple (2♡ 3♡ ou 2♠ 3♠)

Ne constitue pas une invitation à la manche, mais un prolongement du barrage (avec 3 cartes et parfois même un honneur second),

2) Soutien à saut (2♡ 4♡ ou 2♠ 4♠)

Peut être effectué avec une main forte (pour les gagner) ou faible et très bien fittée (super barrage),

3) Déclaration de la manche à Sans-Atout ou dans une autre couleur (2♠ 3SA ou 2♡ 4♠)

Est un arrêt absolu.

II - Explorer le meilleur contrat grâce à l'emploi d'enchères forcing. Le répondant doit bien entendu disposer d'une force suffisante pour espérer la manche en face d'une ouverture limitée à 10 PH.

1) Le relais à 2SA :

Montre un espoir de manche ou de chelem et garantit au moins 2 cartes dans la majeure d'ouverture.

Attitude de l'ouvreur

Avec une ouverture minimum, il répète sa couleur. Sinon :

- il nomme au niveau de trois un gros honneur extérieur (As ou Roi),
- il déclare 3SA avec une belle couleur sans contrôle extérieur (As, Roi ou singleton),
- il annonce au niveau de quatre un éventuel singleton pour montrer une belle couleur sans contrôle d'honneur annexe.

Remarques :

- après une ouverture de 2♡, le singleton à Pique s'indique par le saut à 4♡.
- si l'ouvreur, nanti d'une ouverture maximum, possède à la fois un singleton et un honneur extérieur, c'est ce dernier qu'il nomme en priorité.
- si le répondant, ayant reçu une réponse positive, fait une enchère intermédiaire en dessous de la manche, c'est qu'il songe au chelem.

2) Le changement de couleur

Dénie le fit. C'est dire qu'il montre une belle couleur de 6 cartes ou de 5 belles dans un jeu d'au moins 15 ou 16 points d'honneurs.

L'ouvreur fitte si possible, soit naturellement, soit artificiellement, par exemple par un Splinter (voir page 118)

En l'absence de fit, il répète sa couleur au niveau de trois avec une ouverture minimum et s'il est maximum. il nomme une force au niveau de trois

EN CAS D'INTERVENTION ADVERSE SUR UNE OUVERTURE DE DEUX MAJEUR FAIBLE

Etant donné la relative faiblesse des ouvertures, les interventions sont assez fréquentes. Dans toutes les situations, les enchères de soutien sont inchangées.

Intervention par un contre d'appel

- 2SA : inchangé - fit et espoir de manche,
- surcontre : jeu fort et misfitté - ferme intention de pénaliser les adversaires,
- changement de couleur :
  - . au niveau le plus bas : non forcing - constitue le plus souvent une indication d'entame,
  - . avec saut : enchère dite " de rencontre " montrant un bicolore comprenant la couleur nommée et la majeure d'ouverture. Ce processus permettra au partenaire de prendre la décision finale la plus pertinente (défendre ou non).

Intervention par une couleur

- contre : punitif
- 2SA après ouverture de 2♡ et intervention à 2♠ : relais fitté (situation inchangée),
- changement de couleur à saut : enchère de " rencontre " (sauf le saut dans l'autre majeure que celle de l'ouverture, qui est naturel).

En cas d'intervention par 2SA

Le contre est punitif.

OUVERTURES ARTIFICIELLES DE 2♣ ET 2♢

GÉNÉRALITÉS

L'utilisation du Deux Majeur faible oblige à disposer d'une enchère de remplacement pour les mains fortes, tout en conservant une ouverture forcing de manche.

On utilise l'ouverture de 2♣ pour décrire les mains de 20 à 23 points (2♣ Fort indéterminé) et celle de 2♢ pour les jeux plus forts (2♢ Forcing de manche).

LE 2♣ FORT INDÉTERMINÉ ET SES DÉVELOPPEMENTS

CAS D'UTILISATION

Cette ouverture est effectuée avec :

- un unicolore majeur d'environ 8 levées de jeu,
- une belle majeure 5ème ou 6ème dans un jeu de 20 à 23HL (sans mineure 5ème à côté, ni l'autre majeure 4ème),
- une main régulière de 22-23HL,
- un puissant unicolore mineur de 8-9 levées de jeu,
- un bicolore majeur 5 - 5 de 3-4 perdantes.

RÉPONSES

Le relais à 2♢ est quasi systématique.

Seules exceptions :

- l'annonce d'une couleur montre selon le palier une couleur 5ème ou 6ème commandée par deux gros honneurs.
- l'enchère de 2SA indique :
  - soit un jeu régulier de 10 à 12 points,
  - soit un bicolore mineur de 7-8 points et plus
    (à convenir entre partenaires).

DÉVELOPPEMENTS APRÈS LE RELAIS À 2♢

- 2♡ et 2♠ montrent l'équivalent d'un Deux fort
  - le saut à 4 par le répondant est un arrêt,
  - le soutien simple montre un espoir de chelem,
  - le changement de couleur au palier de trois montre une belle couleur au moins 5ème dans une main de 8PH et plus,
  - le saut à 3SA s'effectue avec 8-10PH sans singleton dans la majeure d'ouverture,
  - l'enchère de 2SA est forcing, sans limite supérieure.
- 2SA montre une main régulière de 22-23HL (le répondant utilise les mêmes conventions - Stayman, Texas - que celles utilisées sur l'ouverture de 2SA).
- l'annonce d'une couleur au niveau de trois exige 7 cartes et environ 8 levées de jeu,
- 4♡ et 4♠ montrent l'équivalent d'une ouverture au niveau de quatre avec 2 As,
- 3SA décrit un beau bicolore majeur de 3-4 perdantes.

RÉPONSES APRÈS INTERVENTION

– 0 à 5 points : passe.
– avec 6 points et plus :
  - annonce d'une couleur : 5 cartes et plus,
  - Sans-Atout : arrêt dans la couleur adverse,
  - contre : du type Spoutnik, pas de bonne couleur 5ème annonçable,
  - cue-bid : chelem possible - pas de bonne couleur 5ème annonçable - main régulière sans tenue dans la couleur adverse.
– contrôle de courte (singleton ou chicane) dans la couleur adverse.

LE 2◇ FORCING DE MANCHE ET SES DÉVELOPPEMENTS

CAS D'UTILISATION

Cette ouverture s'effectue avec :

- les jeux réguliers ou semi-réguliers de 24 HL et plus,
- les jeux unicolores, si la manche est certaine ou à une levée près (au moins 9 levées en majeure et 10 en mineure),
- les jeux bicolores de moins de 3 perdantes.

RÉPONSES

- 2♡ : pas d'As, pas deux Rois, 0 à 7H,
- 2♠ : un As majeur,
- 2SA : pas d'As, 8PH et plus ou deux Rois,
- 3♣ ou 3◇ : l'As de la couleur,
- 3SA : deux As

Remarque : les réponses de 3♡ et 3♠ étant disponibles, on peut les utiliser à plusieurs fins (à convenir entre partenaires)

- pour préciser la nature des deux As (Convention dite CRM) :
  - 3♡ = deux As noirs ou rouges (même Couleur)
  - 3♠ = deux As mineurs ou deux As majeurs (même Rang)
  - 3SA = As de Trèfle et As de Cœur ou As de Carreau et As de Pique (“ Mélangés ”).
- pour montrer une belle couleur sixième dans une main sans As.

DÉVELOPPEMENTS

Redemandes de l'ouvreur

- toute couleur annoncée est au moins 5ème *
- la redemande à 2SA ne décrit pas nécessairement une main de type régulier. Elle peut s'effectuer avec les distributions 4441 ou 5431, quand la couleur 5ème est difficile à annoncer.
- un saut à la manche est un arrêt impératif (il manque deux As).
- sur la réponse positive de 2SA, la redemande à 3SA est forcing un tour. C'est le saut à 4SA qui est un arrêt.

** après 2◇ 2♡, la redemande à 3♡ montre 5 ou 6 Cœurs sans 4 cartes à Pique et 3♠ à saut montre 5 ou 6 Cœurs avec 4 cartes à Pique.*

Attitude du répondant

- *Après une enchère à la couleur et avec un jeu faible (fitté) :*
  - il saute à la manche avec un honneur 3ème ou 4 atouts,
  - avec trois petits atouts, il transite par 2SA avant d'exprimer le fit.

  Ces deux enchères dénient toute forme de contrôle extérieur du premier ou du second tour.

- *Après une enchère à la couleur et avec une main positive (fittée) :*
  - il soutient au niveau de trois avec au moins un gros honneur extérieur,
  - il diffère le soutien avec une bonne couleur 5ème annexe,
  - il nomme un singleton avec saut (Splinter, voir page118).

- *Après une enchère à la couleur et en l'absence de fit*

  Il décrit son jeu de façon naturelle :

  - l'annonce d'une couleur promet 5 cartes (de préférence commandées par un honneur),
  - la faiblesse s'indique par une enchère à Sans-Atout au niveau le plus bas (qui bien entendu ne garantit pas d'arrêt dans les couleurs non nommées).

- *Après une enchère à Sans-Atout*

  Il utilise les mêmes développements et conventions que sur l'ouverture de 2SA :

  - Stayman : peut être effectué au niveau de 4♣ quand l'ouvreur a redemandé 3SA,
  - Texas : il est effectué au niveau de 3, quand l'ouvreur a redemandé 2SA et au niveau de 4 lorsqu'il a redemandé 3SA.

  L'ouvreur ne rectifie que s'il est fitté par au moins 3 cartes, sinon il revient à 3SA ou 4SA

  - 4SA : quantitatif

EN CAS D'INTERVENTION ADVERSE

Plusieurs conventions peuvent être employées. Certes, elles comportent quelques variantes, mais l'esprit en est le suivant :

- l'enchère négative de 2♡ est remplacée par passe,
- le contre est Spoutnik et montre au moins 5-6 points dont un Roi,
- jusqu'à 3♠, le répondant promet un As en annonçant sa couleur et, à partir de 4♣, il contre pour montrer un As (jeu positif),
- un passe de l'ouvreur au cours de la séquence d'enchères est forcing pour le répondant. Ce dernier doit enchérir ou contrer, mais il n'a pas le droit de passer.

III

DÉVELOPPEMENTS APRÈS UNE OUVERTURE AMBIGUË (1♣ - 1♢ - 1♡ - 1♠)

A - RÉPONSES À L'OUVERTURE

RÉPONSES AUX OUVERTURES D'1♣ OU D'1◇

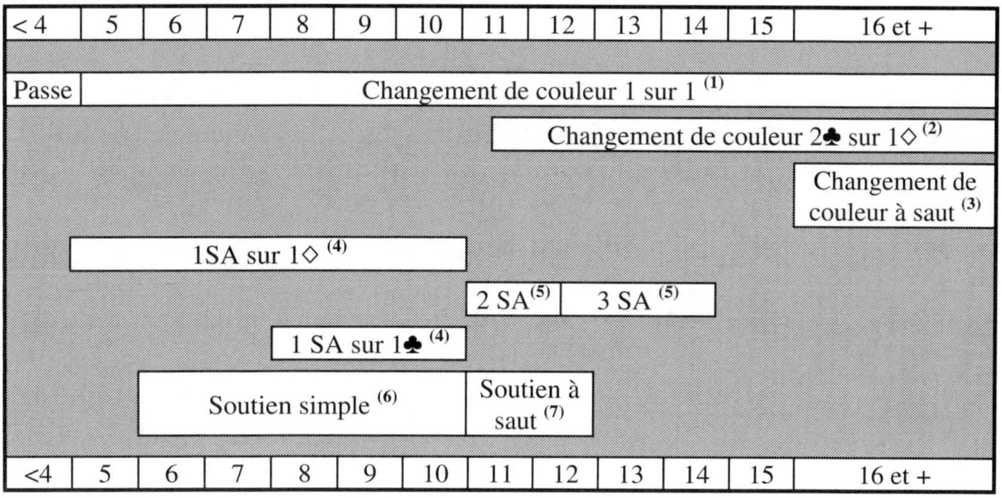

1) Au moins 4 cartes, mais parfois 3 en l'absence de meilleure enchère (par exemple obligation de répondre 1◇ sur 1♣ avec : ♠ x x x - ♡ R x x - ◇ R x x - ♣ V x x x).

2) Au moins 4 cartes, occasionnellement 3, quand aucune autre enchère ne convient.

3) Couleur autonome ou belle couleur affranchissable avec fit dans celle d'ouverture.

4) Dénie une majeure 4ème.

5) Distribution régulière sans majeure 4ème.

6) Dénie une majeure de 4 cartes et promet au moins 5 atouts.

7) Dénie une majeure de 4 cartes et exige au moins 5 atouts.

RÉPONSES AUX OUVERTURES D'1♡ OU D'1♠

<table>
<tr><td>< 4</td><td>5</td><td>6</td><td>7</td><td>8</td><td>9</td><td>10</td><td>11</td><td>12</td><td>13</td><td>14</td><td>15</td><td>16</td><td>17</td><td>18 et +</td></tr>
<tr><td colspan="15">Mains fittées</td></tr>
<tr><td colspan="2">Passe</td><td colspan="5">Soutien simple [1]</td><td colspan="2">à saut [2]</td><td colspan="2">à double saut [2]</td><td colspan="4"></td></tr>
<tr><td colspan="7"></td><td colspan="8">Changement de couleur 2 sur 1 (ou 1♠ sur 1♥)[3][4]</td></tr>
<tr><td colspan="14"></td><td>Chg. de clr à saut[5]</td></tr>
<tr><td colspan="15">Mains non fittées</td></tr>
<tr><td></td><td colspan="14">1♠ sur 1 ♡</td></tr>
<tr><td colspan="7"></td><td colspan="8">Changement de couleur 2 sur 1[4]</td></tr>
<tr><td colspan="14"></td><td>Chg. de clr à saut[5]</td></tr>
<tr><td colspan="2"></td><td colspan="5">1SA [6]</td><td colspan="2">2SA [7]</td><td colspan="2">3SA [7]</td><td colspan="4"></td></tr>
<tr><td>< 4</td><td>5</td><td>6</td><td>7</td><td>8</td><td>9</td><td>10</td><td>11</td><td>12</td><td>13</td><td>14</td><td>15</td><td>16</td><td>17</td><td>18 et +</td></tr>
</table>

1) Enchère prioritaire. En particulier, avec le fit à Cœur par au moins 3 cartes, on n'utilise pas dans cette zone le changement de couleur à 1♠.

2) Au moins 4 cartes, pas plus de 10/11 PH. (au niveau de quatre, nette tendance barrage)

3) A défaut d'une possibilité de soutien direct :
- soit parce qu'il manque un atout (3 au lieu de 4),
- soit parce que la main est trop forte.

4) Au moins 4 cartes (parfois 3 en mineure, quand aucune autre réponse n'est possible). Toutefois, la réponse 2♡ sur 1♠ exige un minimum de 5 cartes. Le changement de couleur 2 sur 1 est non seulement forcing, mais auto-forcing.

5) Couleur autonome. Le saut est facultatif : on l'utilisera surtout si l'on prévoit des difficultés ultérieures pour décrire la main (principe d'anticipation).

6) Toutes distributions (elle dénie toutefois 4 Piques sur l'ouverture d'1♡).

7) Distribution régulière, dénie 4 cartes dans l'autre majeure ainsi qu'un fit dans la majeure d'ouverture (voir " 2SA fitté " en Annexe).

CHOIX DE LA RÉPONSE À UNE OUVERTURE DE UN À LA COULEUR

CHOIX ENTRE SOUTIEN SIMPLE ET 1SA

Sur ouverture majeure, donner le soutien avec 3 atouts, car la notion de fit huitième est fondamentale pour l'ouvreur qui peut ainsi réévaluer sa main en points HLD.

CHOIX ENTRE SOUTIEN SIMPLE ET CHANGEMENT DE COULEUR UN SUR UN

- **Ouverture majeure :** dans la zone 6-10, préférer le soutien à 2♡ à un changement de couleur à 1♠.
- **Ouverture mineure :** préférer impérativement le changement de couleur dans une majeure au soutien immédiat de la mineure.

CHOIX ENTRE SOUTIEN À SAUT ET CHANGEMENT DE COULEUR

- **Ouverture majeure :** préférer un soutien (à 3♡ ou 3♠) avec 4 atouts et 11/12 HLD. Le soutien direct à 4♡ ou 4♠ est à tendance barrage (main faible en points, mais bien distribuée).
- **Ouverture mineure :** quand on ne possède pas de majeure quatrième, soutenir directement à saut plutôt que de nommer l'autre mineure. mais 5 cartes

CHOIX ENTRE 1SA ET CHANGEMENT DE COULEUR UN SUR UN

- Interdiction de répondre 1SA quand on détient une majeure quatrième annonçable au niveau de un, quelle que soit sa qualité.
- Avec 8 à 10HL réguliers sur l'ouverture d'1♣, préférer la réponse d'1SA à celle d'1♢.

ANNONCE DES MAINS BICOLORES EN RÉPONSE

- **Bicolore 4-4 :** annoncer la couleur la plus économique. Toutefois, avec une main inférieure à 12PH, on nommera la majeure de préférence à 1♢.
- **Bicolore 5-4 ou 6-4 :** annoncer la couleur longue, sauf quand la main est trop faible pour permettre un changement de couleur deux sur un.
- **Avec 5 cartes d'une mineure et 4 d'une majeure** : annoncer classiquement la mineure au niveau de deux et ultérieurement la majeure en bicolore cher avec 13HL et plus (forcing de manche). Avec moins, nommer la majeure au premier tour.
- **Avec les autres bicolores** : utiliser les principes s'appliquant aux ouvertures.

DÉVELOPPEMENTS DES ENCHÈRES DU CAMP DE L'OUVREUR APRÈS UNE INTERVENTION DU N°2

Dans le silence adverse, l'ouvreur pouvant détenir une main très forte, son partenaire répond de façon systématique, dès qu'il possède une main de 5-6 points afin de ne pas rater une éventuelle manche.

Après une intervention du N°2, ce risque n'existe plus, car la parole va être redonnée à l'ouvreur. Dès lors, une réponse libre exigera la possession de quelques plus-values (force - distribution).

APRÈS UNE INTERVENTION À LA COULEUR

LES ENCHÈRES DE SOUTIEN

Sont pratiquement les mêmes que dans le silence adverse :

- *au niveau de 2 :* 3 atouts et plus, 7-10 HLD,
- *à saut au niveau de 3 :* 4 atouts et plus, 11-12 HLD (un peu moins avec une courte dans la couleur d'intervention),
- *au niveau de 4 en majeure :* 4 atouts et plus - 13-14 HLD (pas plus de 11PH) ou barrage avec 9-10 HLD dans une main déséquilibrée avec 5 atouts.

N.B. en cas de barrage en intervention, les soutiens peuvent être décalés d'une zone, mais pas de deux : 3♡ au lieu de 2, 4♡ au lieu de 3, mais pas 4♡ au lieu de 2.

LES ENCHÈRES À SANS-ATOUT

- *1SA :* 8 à 10 HL, arrêt dans la couleur d'intervention,
- *2SA* 11-12⁻ HL un arrêt et demi dans la couleur d'intervention,
- *3SA :*12⁺- 14 HL : un arrêt et demi dans la couleur d'intervention.

LES CHANGEMENTS DE COULEUR

- *au palier de un :* au moins 6-7 HL, 4 cartes et plus (si la couleur est immédiatement supérieure à celle d'intervention, promet 5 cartes *),
- *au palier de deux :* 11 HL et plus, 5 cartes et plus,
- *à saut :* 6 cartes, 6 à 9-10 H (barrage).

LE CONTRE

Appelé Spoutnik, il est d'appel sur toutes les interventions jusqu'au niveau de 4♡ et dénie toute enchère naturelle.

Après ouverture mineure et intervention au palier de un

- *En cas d'intervention à 1♠ :*

8HL et plus, au moins 4 cartes à Cœur (voir les développements en Annexe).

- *En cas d'intervention à 1♢ ou 1♡ :*

7HL et plus - quatre cartes dans la couleur supérieure* à celle de l'intervention. (si l'on ne joue pas cette convention, le contre dénie une majeure quatrième).

** Spoutnik moderne (convention dite de la " collante ", voir Annexe).*

Après ouverture mineure et intervention à un palier plus élevé (2 à 4)

Le minimum exigé pour pouvoir contrer Spoutnik augmente bien entendu en fonction du palier de l'intervention.

Le contre montre au moins 4 cartes dans la (ou l'une des) majeure(s) non annoncée(s). Dans le cas où il ne supporterait pas la réponse dans la majeure nommée par l'ouvreur, le répondant devrait être à même de déclarer la sienne (2♠ sur 2♡), de revenir au niveau le plus bas dans la mineure d'ouverture (donc d'y détenir un fit), ou de faire une enchère à Sans-Atout (donc de détenir l'arrêt dans la couleur adverse et une force suffisante compte tenu du palier atteint).

Après ouverture majeure

Le contre peut avoir plusieurs significations qui seront clarifiées par la suite :

- recherche d'un fit dans l'autre majeure,
- soutien de la majeure ouverte (non exprimable parce que 3ème),
- recherche de garde pour jouer la manche à Sans-Atout,
- description d'une main orientée vers les mineures (quand l'adversaire est intervenu dans l'autre majeure que celle de l'ouverture).

Inférences de l'emploi du Spoutnik

L'utilisation du Spoutnik ne permet plus au répondant de punir directement un intervenant qui serait " mal tombé ".

Il lui faut passer en espérant que l'ouvreur réveillera par un contre d'appel qui sera alors transformé en punitif (il est à noter que l'ouvreur utilisera d'autant plus facilement ce contre de réouverture qu'il est court dans la couleur d'intervention et que sa main peut supporter la transformation punitive).

LE CUE-BID (Forcing de manche)

- Sur une ouverture mineure : il dénie une majeure 4ème et demande au partenaire de déclarer Sans-Atout avec au moins un arrêt dans la couleur d'intervention. Il permet aussi d'exprimer des jeux forts avec fit dans la mineure d'ouverture.
- Sur une ouverture majeure : il montre le fit au moins 4ème dans une main d'au moins 12H.

APRÈS UN CONTRE D'APPEL

Avec une main de soutien sur ouverture majeure

- *soutien simple :* 6 à 10 HLD - 3 atouts (ou 4 dans une main régulière),
- *soutien à simple saut :* 4 atouts - valeurs distributionnelles - pas plus de 8H,
- *soutien au niveau de 4* : 5 atouts, tendance barrage,
- *2SA* (convention Truscott) : 4 atouts - 11-12 HLD,
- *3SA* (super Truscott) : quatre atouts - 13 à 16 HLD (ceux qui ne jouent pas le super Truscott utilisent le 2SA sans limite supérieure).
  - Avec des jeux de plus de 10 points et seulement 3 atouts, on surcontre avant d'exprimer le fit ultérieurement au niveau approprié.
  - Avec 4 atouts et une couleur annexe 5ème exploitable dans une main d'au moins 11-12 HLD, on annonce cette dernière avec un saut, voire un double saut, si le bicolore est plus affirmé.

Avec une main de soutien sur ouverture mineure

- *soutien simple :* 6 à 10 HLD - 4 atouts ou 5 (surtout à Trèfle) dans une main plate,
- *soutien avec simple saut :* 4-5 à 8H - 5 atouts (barrage),
- *2SA Truscott:* 9-10 H - 5 atouts - pas de majeure 4ème (certains inversent le processus afin que, si le contrat de 3SA peut être appelé, il soit joué de la main forte. Mais cela présente l'inconvénient de donner aux adversaires des enchères supplémentaires qu'ils peuvent utiliser à leur profit),
- *changement de couleur :*
  - au palier de un : reste forcing comme dans le silence adverse. Il peut donc être effectué avec des mains dépassant 10H,
  - au niveau de deux sans saut : non forcing - moins de 10H, le plus souvent 6 cartes et misfit dans la couleur d'ouverture,
  - avec saut sur ouverture mineure : barrage (moins de 9H) - 6 cartes au palier de deux, 7 au palier de trois.
- *1SA :* jeu régulier - 8 à 10 HL sans belle majeure 4ème.
- *Surcontre :*

Montre un jeu d'au moins 10H, qui ne correspond à aucune des enchères précédentes et avec lequel on a souvent envie de pénaliser les adversaires.

Il demande à l'ouvreur de laisser revenir la parole au répondant, sauf dans les deux cas suivants :

- l'ouvreur peut contrer l'enchère du n°4,
- il possède une main unicolore faible (il répète sa couleur) ou bicolore (il nomme la seconde couleur de son bicolore, au niveau le plus bas, s'il est faible, et avec un saut, s'il est fort.

Le plus souvent, le répondant sera à même de préciser à son prochain tour de parole la raison qui a motivé son surcontre. Un passe de sa part serait forcing pour un tour.

APRÈS UNE INTERVENTION PAR 1SA

Contre : 9H et plus - punitif et non Spoutnik. A éviter avec une main trop irrégulière.
Changement de couleur : 6 cartes dans un jeu faible - non forcing,
Soutien :

- inchangé, au palier de deux
- à des paliers supérieurs : barrage.

Les réponses particulières :

- 2♣ sur ouverture mineure : petit bicolore majeur ne convenant pas pour un contre punitif,
- cue-bid à 2SA : main forte à distribution particulière mal adaptée à un contre punitif ou main trop bien fittée.

LES ENCHÈRES APRÈS PASSE

Nous l'avons vu, les ouvertures en 3ème position (et à un degré moindre en 4ème) peuvent pour des raisons tactiques être effectuées avec une force inférieure à celle normalement exigée. Les développements ont bien entendu été aménagés en conséquence et ont nécessité la mise au point d'une réponse conventionnelle : le 2♣ DRURY.

OUVERTURE MINEURE

- *Le changement de couleur un sur un :* n'est plus forcing. L'ouvreur peut passer avec 11/12 points et un fit 3ème.
- *Le changement de couleur à saut :* montre à la fois 5 cartes correctes dans la couleur annoncée, et 4 cartes dans la mineure d'ouverture dans une main d'une dizaine de points.

OUVERTURE MAJEURE

- *Le changement de couleur au palier de deux :* n'est pas forcing; tout en déniant le fit, la couleur répondue montre 6 cartes ou 5 belles dans un jeu qui peut être légèrement inférieur aux 11HL normalement requis pour un deux sur un.
- *Le soutien simple* est inchangé (6-10 HLD) et *celui à saut* est un barrage exigeant au moins 4 atouts.
- *Le changement de couleur à saut* montre tout à la fois une belle couleur exploitable, un fit 4ème et une dizaine de points d'honneurs.
- *Le saut à 2SA,* dont l'utilisation est logiquement exclue quand l'ouvreur peut être faible, montre un bicolore mineur d'une dizaine de points.
- *La réponse d'1SA* peut occasionnellement aller jusqu'à 11 points.

LE 2♣ DRURY

Cette convention est utilisée pour montrer un espoir de manche en face d'une ouverture normale. Elle promet :

- 10-11H,
- un fit de trois cartes (ou d'un gros honneur second) dans la majeure ouverte.

LES RÉPONSES AU DRURY

- *Répétition simple de la majeure d'ouverture :* 6 cartes, ouverture normale,
- *Bicolore économique (2♡ après ouverture 1♠) :* 5 Piques, au moins 4 Cœurs dans une ouverture normale,
- *Bicolore cher :* 17HL et plus,
- *Répétition à saut de la majeure d'ouverture :* 6 cartes, 17-18 HL et plus,
- *2SA :* 15- 17 HL, main régulière,
- *3SA :* 18-20 HL main régulière,
- *2♢ ambigu :* revêt l'une des significations suivantes :
  - moins de l'ouverture (<12H),
  - mains régulières de 13 - 14 HL.
  - mains bicolores ne pouvant être décrites en conformité avec ce qui précède,

DÉVELOPPEMENTS APRÈS LA RÉPONSE AMBIGUË DE 2♢

Le répondant peut :

- *revenir à deux dans la majeure* (cas le plus fréquent),
- *sauter à trois dans la majeure* avec 4 cartes dans une main régulière de 10-11 H,
- *nommer une couleur au palier de trois :* montre une force dans cette couleur et le plus souvent 4 cartes dans la majeure,
- *répéter les Trèfles au niveau de trois :* cas du “ faux Drury ” avec longue à Trèfle, sans fit dans la majeure.

En toute connaissance de cause, l'ouvreur passera ou reparlera selon que son enchère de 2♢ aura ou non été effectuée avec un jeu de la force d'une ouverture.

APRÈS INTERVENTION SUR L'OUVERTURE EN 3ème OU 4ème POSITION

Comme le simple changement de couleur n'est pas forcing, on aura recours au contre et parfois au cue-bid pour exprimer les jeux de 10-11 points qui auraient justifié un 2♣ Drury.

Intervention par une couleur

- *changement de couleur :* non forcing, même 2♣ qui n'est plus un Drury après 1♡ 1♠,
- *changement de couleur à saut :* inchangé, main maximum comprenant 5 cartes dans la couleur et un fit 4ème,
- *cue-bid :*
  - sur ouverture majeure : 10-11 H, 4 atouts,
  - sur ouverture mineure : constitue en priorité une demande d'arrêt pour jouer les Sans-Atout,
- *contre :* peut remplacer le Drury ou le Spoutnik.

Intervention par un contre d'appel

- *changement de couleur :* non forcing, y compris 2♣ qui redevient naturel (misfit dans l'ouverture).
- *2SA* : Truscott, 4 atouts et une bonne dizaine de points,
- *Surcontre* : classique donc remplace éventuellement le Drury.

III

DÉVELOPPEMENTS
APRÈS UNE OUVERTURE AMBIGUË
(1♣ - 1♢ - 1♡ - 1♠)

B - DEUXIÈME ENCHÈRE DE L'OUVREUR (REDEMANDE)

REDEMANDES APRÈS RÉPONSE UN SUR UN

1♣/1◇ - 1♡ ?

12	13	14	15	16	17	18	19	20	21	22	23
Soutien de la couleur de réponse (1) :											
au palier de 2					au palier de 3 (2)			au palier de 4 en majeure (2)		(3)	
						3 SA artif. (4)					
Annonce d'une nouvelle couleur :											
au niveau de 1 (5)											
au niveau de 2 et moins chère que l'ouverture (bicolore économique) (6)											
					au niveau de 2 et plus chère que l'ouverture (bicolore cher) (7)						
								à saut (bicolore à saut) (8)			
Redemande à Sans-Atout (9)											
1 SA (10)						2 SA					
Répétition de la couleur d'ouverture											
au niveau de 2 (11)						au niv. de 3 (12)		au niveau de 4 en majeure (13)			
12	13	14	15	16	17	18	19	20	21	22	23

1) Avec au moins 4 cartes. Mais le soutien à 2◇ après 1♣ 1◇ montre un bicolore comportant au moins 5 Trèfles et 4 Carreaux sans majeure 4ème.

2) Main irrégulière d'une force de 17 à 19 HLD.

3) Quand la main dépasse 21 HLD, il faut faire précéder le soutien d'une redemande forcing artificielle (bicolore cher ou à saut, voir NB).

4) Il s'agit d'une main régulière qui aurait justifié une redemande à saut à 2SA (18-19H), mais comportant 4 cartes dans la majeure de réponse.

NB - Les mains fortes fittées peuvent s'exprimer de différentes façons selon leur distribution. Splinter (voir page 118), Fragment-bid, saut au niveau de 4 dans la mineure d'ouverture, enchères "super Forcing", etc.

5) La main peut être régulière. Dans ce cas, la déclaration d'une nouvelle couleur non forcing peut aller jusqu'à 19HL.

6) Non forcing. La main est obligatoirement bicolore. Une seule exception : après 1♡ 1♠, la redemande à 2♣ ou à 2◇ peut provenir d'une main régulière de 16 ou 17 PH (annonce d'une mineure de 3 cartes à défaut d'une enchère appropriée à Sans-Atout).

7) Auto-forcing. Excepté le cas du tricolore fort, la première couleur doit être au moins 5ème. La seconde peut être "fausse" (cas du renvoi (6) par exemple). Il nécessite au moins :

- 17 H avec un bicolore 5-4 (16H, si les points sont concentrés dans les longues avec un gros honneur dans la couleur de réponse),
- 15 H avec un bicolore 6-4,
- 13-14 H avec un bicolore 6-5 à honneurs concentrés.

8) Forcing de manche.

9) La redemande à 3 SA n'est pas naturelle (voir renvoi 4).

10) Dénie la présence d'une majeure annonçable au palier de un, ainsi qu'un soutien de 4 cartes dans la majeure de réponse. Toutefois, dans la zone 18-19, il n'est pas exclu de sauter à 2SA avec une majeure annonçable au niveau de 1 (main comportant des fourchettes d'honneurs) :♠ R V 9 x - ♡ R 10 x - ◇ A D x - ♣ R D 10 x

11) Couleur d'au moins 5 cartes. Elle en comporte obligatoirement 6, chaque fois que le répondant a nommé la couleur tout juste supérieure à celle de l'ouverture :

1♣ 1◇	1♡ 1♠	1◇ 1♠
2♣ (6 cartes)	2♡ (6 cartes)	2◇ (5 ou 6 cartes ?)

12) 6 cartes dans une main unicolore.

13) 1♡ 1♠ est une enchère rare. Elle montre une main de 8 levées de jeu qui n'a pas pu
4♡ être ouverte en barrage, ni au niveau de 2 par manque de levées défensives.

REDEMANDES APRÈS 1♡ 2♣
RÉPONSE DEUX SUR UN ?

Remarque importante : le changement de couleur deux sur un est non seulement forcing, mais auto-forcing, l'ouvreur a donc la certitude de pouvoir reparler encore une fois. Dès lors, certaines de ses redemandes (répétition de la couleur, soutien) peuvent couvrir des zones de points relativement élastiques.

a) La répétition de la couleur d'ouverture : 1♠ 2◇ 2♠ peut parfois aller jusqu'à 16, voire 17 pts, par exemple quand la couleur, quoique 6ème, n'est pas assez solide pour permettre une répétition à saut.

b) Le soutien de la couleur du répondant : 1♠ 2◇ 3◇ peut aller jusqu'à 18-19 HLD (afin de ne pas dépasser d'emblée le palier de 3 SA).

c) Le soutien après 1♠ 2♡ : le soutien à 3♡, qui peut ne comporter que 3 cartes (commandées par un gros honneur) est plus constructif que celui de 4♡, que l'on sélectionnera avec 4 atouts dans une main sans grand avenir (13 à 16 HLD). Avec 3 cartes à Cœur, on sera parfois amené à répéter les Piques :
   - soit avec de mauvais Cœurs, quelle que soit la force, qui sera au besoin précisée ultérieurement,
   - soit avec une ouverture très laide, et on pourra s'arrêter au niveau de trois :

1♠ 2♡
2♠ 2SA
3♡ non forcing

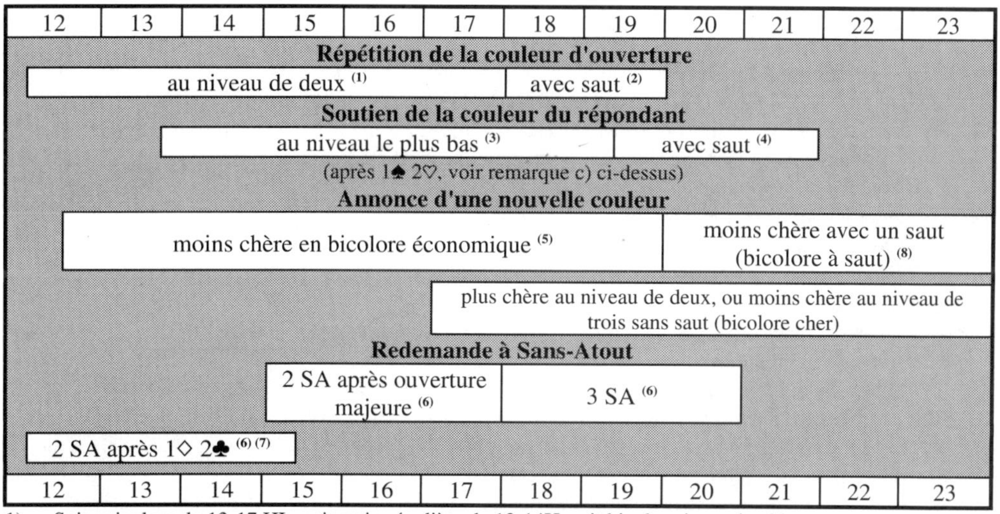

1) Soit unicolore de 13-17 HL, soit main régulière de 12-14H, soit bicolore inexprimable.
2) Belle couleur 6ème avec au maximum une perdante (la répétition au niveau de quatre est une enchère rare, montrant 7 cartes, dans une main qui n'a pas pu être ouverte en barrage ou de 2♣ Fort indéterminé).
3) Au moins 4 cartes dans la couleur.
4) Le soutien au niveau de quatre d'une couleur mineure montre une main irrégulière avec forte probabilité de chelem et souvent 5 cartes dans la couleur (ou 5431 fort).
5) La couleur d'ouverture est plus longue que celle de redemande. Cette dernière sera considérée comme 4ème, à moins que l'ouvreur ne la répète ultérieurement.
6) Distribution régulière - gardes dans les couleurs non nommées - pas de singleton, même dans la couleur du répondant.
7) Certains répètent les Carreaux avec 4, voire 3 cartes, quand l'ouverture est minimum. Mais cette procédure entraîne des inconvénients.
8) Le bicolore à saut, notamment 1♠ 2♣ 3♡, est effectué avec un beau 5- 5 à honneurs concentrés, pas forcément très lourd en points H.

REDEMANDES APRÈS SOUTIEN SIMPLE EN MAJEURE 1♡ 2♡
?

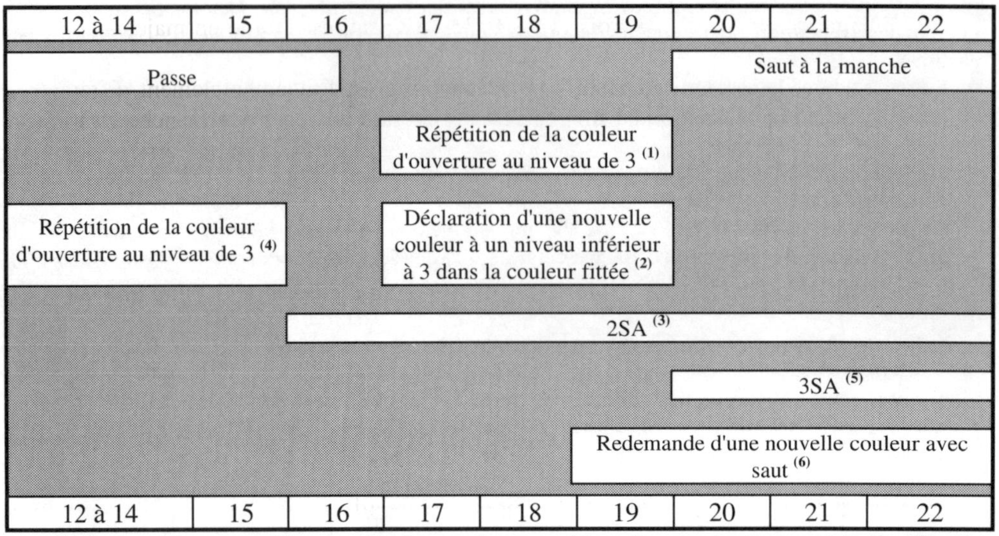

1) Seuls les débutants utilisent cette forme de proposition de manche "au poids". Les joueurs expérimentés font appel aux enchères d'essai explicitées en (2) et (3). La redemande libre au niveau de trois est alors utilisée comme enchère de barrage (voir renvoi (4)).

2) Enchère d'essai naturelle ou semi-naturelle forcing un tour demandant un complément dans la couleur pour jouer la manche. Suivant la forme et la force de la main et selon qu'il couvre ou non les perdantes correspondantes, le répondant peut :
- sauter à la manche dans la couleur d'ouverture (positif),
- revenir dans la couleur d'ouverture au niveau de trois (négatif),
- annoncer une couleur intermédiaire (négatif dans la couleur de l'essai, soutien maximum et force dans la couleur nommée),
- annoncer Sans-Atout pour montrer une main régulière de force maximum avec les honneurs dans toutes les couleurs,
- soutenir la couleur majeure de l'essai avec 5 cartes ou 4 par deux honneurs.

3) Enchère d'essai généralisé forcing un tour : espoir de manche à la couleur (le plus souvent), ou proposition de 3SA. C'est en outre une enchère possible quand l'ouvreur a occasionnellement un chelem en vue. Le répondant a la possibilité de :
- sauter à la manche dans la couleur d'ouverture (positif), avec des valeurs distributionnelles,
- revenir dans la couleur d'ouverture an niveau de trois (négatif),
- annoncer une force dans la couleur intermédiaire la plus économique,
- soutenir à 3SA avec une main régulière de force maximum avec des honneurs répartis dans toutes les couleurs.

4) Une telle redemande est destinée à inhiber un réveil adverse. On l'utilisera avec des jeux faibles irréguliers. Ex: ♠ R 2 - ♡ A R D 9 8 4 - ◇ 9 4 3 - ♣ 7 2.

5) Main puissante 5332 avec les couleurs courtes bien gardées. Le répondant juge en fonction de sa main.

6) 1♡ 2♡
3♠ montre un bicolore 6-5 Cœur-Pique

1♡ 2♡
4♣ décrit un puissant bicolore avec une possibilité de chelem.

REDEMANDES APRÈS SOUTIEN SIMPLE EN MINEURE 1♣ 2♣ ?

La redemande au niveau de trois (1♣ 2♣ 3♣) a vocation comme en majeure, de tenter d'inhiber un réveil adverse.

Dés que l'on détient un jeu assez fort, la situation est fondamentalement différente de celle correspondant au soutien en majeure, car il est rare de jouer une manche en mineure. De ce fait, les enchères d'essai sont plutôt effectuées avec comme arrière-pensée la recherche d'une manche à Sans-Atout.

Le processus consiste à :

– nommer Sans-Atout avec un arrêt dans toutes les couleurs,

– déclarer la couleur gardée la plus économique, ce qui permet de déduire que la couleur dépassée ne l'est pas.

S'il est minimum, le partenaire refuse la proposition en revenant au niveau de trois dans la couleur d'ouverture (enchère négative). Dans le cas contraire, il utilise le même processus (la déclaration de Sans-Atout implique la présence d'un arrêt dans la couleur dépassée, mais pas nécessairement dans la dernière).

Ex:	Sud	Nord
	1♣	2♣
	2♡ (pas de garde à Carreau)	a) 2♠ force à Pique.
		b) 2SA force à Carreau, mais pas nécessairement à Pique.
		c) 3♣ enchère négative

– Dans le cas où la manche en mineure n'est pas exclue, l'ouvreur tente de recueillir le maximum de renseignements en utilisant des enchères forcing (déclaration de nouvelles couleurs).

La description des mains bicolores s'opère selon la méthode classique (pour les bicolores 5-5 Trèfle - Pique, voir page 16).

REDEMANDES 1x 1SA
APRÈS LA RÉPONSE D'1SA ?

<table>
<tr><td>12</td><td>13</td><td>14</td><td>15</td><td>16</td><td>17</td><td>18</td><td>19</td><td>20</td><td>21 et +</td></tr>
<tr><td colspan="4">Passe (1)</td><td colspan="6"></td></tr>
<tr><td colspan="10">Répétition de la couleur d'ouverture</td></tr>
<tr><td colspan="5">au niveau de 2 (2)</td><td colspan="3">au niveau de 3 (3)</td><td colspan="2">au niveau de 4 en majeure (4)</td></tr>
<tr><td colspan="10">Redemande d'une couleur moins chère</td></tr>
<tr><td colspan="7">au niveau de 2 (bicolore économique) (5)</td><td colspan="3">au niveau de 3 (bicolore à saut)</td></tr>
<tr><td colspan="10">Redemande d'une couleur plus chère</td></tr>
<tr><td colspan="5"></td><td colspan="5">au niveau de 2 (bicolore cher) (6)</td></tr>
<tr><td colspan="7"></td><td colspan="3">au niveau de 3 (7)</td></tr>
<tr><td colspan="10">Attention, après une ouverture de 1♣ :
– la redemande à 2♠ peut provenir :
• Soit d'un bicolore 5-5 Trèfle-Pique de 14 - 15 H (forcing un tour)
• Soit d'un bicolore cher (forcing de manche)
– la redemande à 3♠ (forcing de manche) montre un bicolore 5-5 de 16H et +</td></tr>
<tr><td colspan="10">Redemande à Sans-Atout</td></tr>
<tr><td colspan="6">Après ouverture 1♢, 1♡, 1♠ :</td><td colspan="2">2SA</td><td colspan="2">3SA</td></tr>
<tr><td colspan="4">Après ouverture 1♣ :</td><td colspan="2">2SA (8)</td><td colspan="4">3SA</td></tr>
<tr><td>12</td><td>13</td><td>14</td><td>15</td><td>16</td><td>17</td><td>18</td><td>19</td><td>20</td><td>21 et +</td></tr>
</table>

1) Main régulière ou semi-régulière non exprimable.
2) Le plus souvent 6 cartes (obligatoirement après ouverture majeure).
3) 6 cartes, dans une main unicolore.
4) Enchère rare montrant 7 cartes dans une main qui n'a pu être ouverte en barrage ou de 2♣ fort indéterminé.
5) Le bicolore économique est parfois utilisé avec une main 5332 de 16-17 pts qui n'a pas été ouverte d'1SA en raison de la présence d'une majeure 5ème. Sur la préférence à 2 dans la majeure, l'ouvreur annonce 2SA (c'est avec 18 qu'il soutient directement à 2SA).
6) Le bicolore cher est forcing pour un tour après ouverture d'1♢ ou d'1♡ et forcing de manche après ouverture d'1♣ (1SA : 8 à 10HL).
7) Marque un bicolore 6-5.
8) Dans cette zone de force, la distribution n'est pas régulière, car dans ce cas l'ouverture aurait été d'1SA et non d'1♣.

AUTRES REDEMANDES APRÈS OUVERTURE DE UN À LA COULEUR

APRÈS UNE RÉPONSE DE 2SA*

La répétition au niveau de trois de la couleur d'ouverture est un arrêt absolu. La déclaration de la manche à Sans-Atout est une conclusion.

Toutes les autres redemandes sont forcing (un saut " inutile " au niveau de quatre est l'indication d'un bicolore 6-5).

* Voir " 2SA fitté " en Annexe

APRÈS UNE RÉPONSE DE 3SA

- 4 dans la majeure d'ouverture, ou 4♡ après une ouverture d'1♠ (qui montre un bicolore au moins 5-5) imposent l'arrêt à une manche majeure.
- 4SA est une enchère quantitative montrant 19-20HL.

APRÈS UN SOUTIEN À SAUT EN MAJEURE

- 4 dans la majeure d'ouverture est une conclusion.

Toute annonce de nouvelle couleur est impérative et exprime un espoir de chelem. Elle indique :

. classiquement le contrôle le plus économique,

. pour certains joueurs de compétition, une seconde couleur nécessitant un complément en face. La redemande à 3SA est alors utilisée pour demander au partenaire de déclencher le processus des contrôles (voir " 3SA dans une situation insolite " page 87)

APRÈS UN SOUTIEN À SAUT EN MINEURE

Toute déclaration de nouvelle couleur au niveau de trois marque le désir de jouer 3SA, montre un arrêt et invite le partenaire à dire 3SA, à décrire ses gardes ou à revenir au niveau de quatre dans la couleur d'ouverture.

APRÈS UN CHANGEMENT DE COULEUR À SAUT

L'ouvreur doit s'efforcer de fournir le maximum de renseignements au répondant qui, de par son enchère, a pris la direction des opérations (quitte à reprendre l'initiative si le chelem paraît devoir être recherché).

Il annoncera économiquement en respectant les principes suivants :

- le soutien de la couleur du répondant montre un gros honneur 2ème ou 3ème ou 4 cartes quelconques,
- la répétition de la couleur d'ouverture indique une couleur au moins 5ème, le plus souvent 6ème, mais ne donne aucune précision quant à la force,
- la déclaration sans saut d'une nouvelle couleur renseigne essentiellement sur la distribution et l'emplacement des honneurs, mais n'exige pas de surcroît de force (il n'y a pas de bicolore cher dans cette situation),
- une annonce à Sans-Atout au niveau le plus bas peut constituer un coup de frein. En tout état de cause, elle dénie le soutien dans la couleur du répondant par un gros honneur second ou 3ème (ou 4 petites cartes).

ATTITUDE DE L'OUVREUR QUAND LE JOUEUR N° 4 SE MANIFESTE

Principe :

L'ouvreur n'est jamais tenu de reparler. S'il le fait, son enchère est dite libre et elle proviendra d'un surcroît de force ou de distribution.

Toutefois, il sera tenu d'exprimer un fit éventuel dans la majeure de réponse dès qu'il sera en mesure de le faire sans effectuer un décalage de deux zones (il sera ainsi autorisé à soutenir au niveau de trois avec une ouverture banale, mais pas au niveau de quatre).

La répétition de sa couleur garantira 6 cartes et la redemande à 1SA promettra bien entendu un arrêt dans la couleur adverse, mais aussi une ouverture correcte de 14 points ou 13 très beaux.

Deux nouvelles enchères possibles : le cue-bid (rare) et surtout le contre (Spoutnik). C'est sur ce dernier en particulier qu'il convient de s'attarder. En effet, il sera souvent d'appel, mais pas toujours. Dans certaines situations, il faudra le considérer comme punitif afin de pouvoir bénéficier de pénalités rémunératrices.

I - CONTRE SPOUTNIK

- quand les adversaires se sont soutenus,

- le joueur n°4 s'est exprimé en barrage,

- le joueur n° 4 s'est manifesté après un changement de couleur du répondant au niveau de un :

  • à 1♢ : le contre montre un jeu fort d'au moins 18 pts sans arrêt dans la couleur adverse,
  • à 1♡ ou 1♠ : le contre indique un soutien de trois cartes dans une main intéressante ou un jeu fort (18 points et plus) sans arrêt dans la couleur adverse.

- le joueur n° 4 s'est manifesté après soutien de la majeure d'ouverture. Le contre fait alors office d'enchère d'essai quand aucune enchère intermédiaire n'est disponible.

II - CONTRE PUNITIF

- le joueur n° 4 s'est manifesté :

  • après un changement de couleur 2 sur 1 ou une réponse à Sans-Atout du partenaire,
  • après soutien de la majeure d'ouverture quand, compte tenu du niveau de l'intervention, il y aurait la place pour effectuer une enchère d'essai

III - CUE-BID

Il est essentiellement utilisé pour montrer une main forte et un très bon fit dans la couleur du partenaire.

Exemples

S	O	N	E	
1◇ passe	passe	1♡	1♠	♠ D108 - ♡ D3 - ◇ AD63 - ♣ D1062 Pour redemander librement 1SA il faut à la fois un arrêt à Pique et une ouverture correcte
1◇ 2♡	passe	1♡	1♠	♠ 105 - ♡ AV104 - ◇ AD94 - ♣ V93 Le soutien est obligatoire même avec une ouverture minimum
1◇ 3♡	passe	1♡	2♠	♠ 103 - ♡ AV105 - ◇ AR94 - ♣ V105 Poussé par les événements vous pouvez soutenir en décalant d'une zone (il faudrait passer sur une intervention à 3♠)
1♣ contre	passe	1♠	2♡	♠ R102 - ♡ 5 - ◇ A942 - ♣ ADV54 3 cartes à Pique dans une main " agréable "
1◇ contre	passe	1♠	3♡	♠ RV5 - ♡ 6 - ◇ AD1062 - ♣ AD95 3 cartes à Pique, belle ouverture
1◇ contre	passe	1♠	2♡	♠ R4 - ♡ V92 - ◇ ADV63 - ♣ AR4 Avec une main de 18 pts et plus, le contre ne garantit plus 3 cartes à Pique
1♣ contre	passe	1◇	1♠	♠ 1063 - ♡ AV5 - ◇ A3 - ♣ ARD82 Main forte dénuée d'arrêt à Pique (ne promet nullement 4 cartes à Cœur)
1♡ 3♡	passe	2♡	2♠	♠ 63 - ♡ AD8643 - ◇ AD5 - ♣ 65 Enchère purement compétitive effectuée le plus souvent avec 6 cartes ou une plus-value de distribution
1♡ 3◇	passe	2♡	3♣	♠ A63 - ♡ AD974 - ◇ AD8 - ♣ 84 Enchère d'essai dans l'emplacement disponible
1♡ contre	passe	2♡	3◇	♠ A82 - ♡ AD865 - ◇ 95 - ♣ AD4 Le contre remplace l'enchère d'essai car il n'y a pas de place disponible
1♠ contre	2♣	2♠	3♣	♠ AD854 - ♡ A102 - ◇ AD8 - ♣ 84 Les adversaires s'étant fittés, le contre n'est pas punitif On l'utilise à titre d'essai généralisé

S	O	N	E	
1♠ 3◇	2♣	2♠	3♣	♠ AD982 - ♡ A3 - ◇ AD73 - ♣ 95 Essai par une enchère naturelle
1♡ 2SA	passe	2♡	2♠	♠ AD4 - ♡ AD1065 - ◇ A102 - ♣ V3 Essai naturel avec les arrêts adéquats à Pique
1♡ contre	passe	2♡	2♠	♠ RV94 - ♡ A10632 - ◇ AD - ♣ 85 Punitif puisque la place existait pour glisser une enchère d'essai
1♡ contre	passe	2♣	2♠	♠ RV92 - ♡ A9854 - ◇ AD7 - ♣ 5 Le contre est punitif quand l'adversaire s'est manifesté en sandwich après une réponse 2 sur 1 du partenaire
1◇ contre	passe	1SA	2♠	♠ RV93 - ♡ A1063 - ◇ AD3 - ♣ 84 Punitif également comme après une réponse en 2 sur 1
1◇ 2♠	passe	1♡	1♠	♠ 3 - ♡ RD94 - ◇ ARD82 - ♣ A43 Cue-bid pour montrer à la fois la main forte et le bon soutien (le contrôle des Piques, qui existe ici, n'est pas indispensable)

III

DÉVELOPPEMENTS APRÈS UNE OUVERTURE AMBIGUË (1♣ - 1♢ - 1♡ - 1♠)

C - DEUXIÈME ENCHÈRE DU RÉPONDANT (QUALIFIÉE DE REBID)

REBIDS APRÈS 1◇ 1♡ / 1♠ ?

5	6	7	8	9	10	11	12	13	14	15	16	17	18	19	20 et +
Passe [1]	**Soutien de la majeure (Pique) ***														
	Simple (2♠)					à saut (3♠)		à double saut (4♠)							
	1 SA[2]					2 SA[3]		3 SA[3]							
Répétition de la couleur de réponse *															
Simple (2♡)[4]						à saut (3♡)[5]		à double saut (4♡)[6]							
Soutien de la mineure d'ouverture															
Simple (2◇)							à saut (3◇)[7] *								
						4e couleur forcing (2♣)									
								4e couleur à saut (3♣)[8]							
5	6	7	8	9	10	11	12	13	14	15	16	17	18	19	20 et +

* 4ème couleur forcing

1) Rare : Jeu faible avec fit 3ème à Pique.
2) Ne promet pas l'arrêt à Trèfle, et ne dénie pas 5 cartes à Cœur (avec une bonne main et 3 cartes à Cœur, l'ouvreur pourra donner un fit différé).
3) Tenues à Trèfle nécessaires.
4) 6 cartes.
5) 6 belles cartes (couleur jouable en face d'un singleton).
6) Le plus souvent 7 cartes.
7) Forcing de manche (main irrégulière).
8) Bicolore 5-5 à honneurs concentrés (forcing de manche).

- La 4ème couleur forcing (voir page 62) sera utilisée :
  - avec 5 cartes à Cœur à partir de 11 - 12 PH,
  - avec un jeu régulier sans arrêt à Trèfle,
  - avec un soutien à Pique de 16 HLD et plus,
  - avec un jeu régulier de 16 points et plus,
  - avec 6/7 cartes à Cœur à partir de 15/16 HL,
  - à la place du saut à 3◇ avec un 5-4.

LA 4ème COULEUR FORCING

Après l'annonce successive de trois couleurs, le répondant manque fréquemment d'enchères naturelles pour décrire exactement sa main ou solliciter de l'ouvreur des renseignements complémentaires.

La déclaration, le plus souvent artificielle, de la 4ème couleur, va justement remplir ces fonctions.

Principaux cas d'utilisation :

a) Recherche de fit pour la majeure 5ème

1♣	1♡
1♠	2◇

Ex : ♠ R 8 5 - ♡ A D V 9 2 - ◇ 7 6 4 - ♣ R 6

a) Recherche d'un arrêt pour jouer à Sans-Atout

1♣	1♡
1♠	2◇

Ex : ♠ R 8 5 - ♡ A D V 6 - ◇ 7 6 4 - ♣ R 6 3

a) Trop de jeu pour soutenir directement la couleur du partenaire

1♣	1◇
1♠	2♡

Ex : ♠ R V 8 3 - ♡ A 6 - ◇ A D V 7 4 - ♣ 6 3

1♡	1♠
2♣	2◇ *

Ex : ♠ R D 8 3 2 - ♡ R 6 - ◇ A 7 - ♣ R 8 3 2

** bien meilleur que le soutien à 4♣ qui seul serait forcing (d'autant que le partenaire peut détenir une main 5332 de 16-17H).*

a) Trop de jeu pour se décrire d'une manière naturelle

1♣	1♡
1♠	2◇ *

Ex : ♠ R 8 - ♡ A V 9 6 3 2 - ◇ A D 4 - ♣ 6 3

** 3♡ ne serait pas forcing*

a) Recherche de complément d'information sur la force ou la distribution de l'ouvreur

1◇	1♡
2♣	2♠ *

Ex : ♠ A 10 8 - ♡ R D 10 2 - ◇ A 9 3 - ♣ A V 5

** pour obtenir des informations complémentaires : 3SA serait pessimiste et 3◇ promettrait un meilleur fit.*

a) Fit de qualité insuffisante pour indiquer d'emblée l'espoir de chelem

1♠	2♣
2◇	2♡ *

Ex : ♠ V 8 3 - ♡ A 8 2 - ◇ A 5 - ♣ A D V 8 2

** 3♠ garantirait au moins un gros honneur 3ème à Pique.*

Attitude de l'ouvreur :

L'ouvreur précise la distribution et la force de sa main, avec un ordre prioritaire pour les réponses :

Distribution

- Il soutient la première couleur du répondant avec 3 cartes,
- Sans ce fit, il nomme Sans-Atout avec un arrêt dans la 4ème couleur (un demi-arrêt est acceptable quand la main est régulière). Il peut aussi soutenir la 4ème couleur avec un gros honneur 3ème dans une main 5431 de 15 à 17 HL, son partenaire pouvant être mieux placé que lui pour recevoir l'entame.
- A défaut, il donne des précisions sur sa distribution :
  - en répétant sa première couleur 6ème ou 5ème (dans le cas d'un bicolore réellement décrit, cette répétition n'ajoute rien de particulier),
  - en répétant la seconde pour montrer un véritable bicolore (notamment 5♣ - 5♠).

Force

Toutes ces enchères doivent si possible être exprimées en conformité avec la force :
- au niveau le plus bas jusqu'à 14 - 15 points,
- avec un saut à partir de 16 points.

Cas particulier de la 4ème couleur à 1♠ :

1♣	1♢
1♡	1♠

L'enchère de 1♠ peut être naturelle ♠ R 8 7 2 - ♡ R 8 - ♢ A D 7 6 4 - ♣ V 8 , ou artificielle : ♠ 8 7 2 - ♡ A 8 7 - ♢ A D V 5 4 - ♣ D 7

L'ouvreur réagit comme sur une enchère naturelle, à une exception près : s'il détient 4 Piques dans une main de 20 à 23 HLD, il ne peut pas soutenir au niveau de quatre une couleur seulement virtuelle. Il dit conventionnellement 3♡.

<u>4ème couleur forcing nommée économiquement</u>

Elle est auto-forcing, mais il sera possible de s'arrêter avant la manche si l'enchère suivante du répondant ne dépasse pas 2SA.

1♡	1♠
2♣	2♢
2♡	2♠

(ou 2SA)

L'ouvreur peut passer

1♡	1♠
2♣	2♢
2♡	3♡

Forcing

1♣	1♡
1♠	2♢
2SA	3♠

Forcing

en vue de jouer un chelem

<u>4ème couleur nommée de façon chère</u>

1♢	1♡
2♣	2♠

1♡	1♠
2♢	3♣

Forcing de manche sans restriction

<u>4ème couleur nommée à saut</u> : enchère naturelle montrant un bicolore au moins 5 - 5 de 12 points et plus.

REBIDS APRÈS 1◇ 1♡
1SA ?

<table>
<tr><td>5</td><td>6</td><td>7</td><td>8</td><td>9</td><td>10</td><td>11</td><td>12</td><td>13</td><td>14</td><td>15</td><td>16</td><td>17</td><td>18</td><td>19</td><td>20 et +</td></tr>
<tr><td colspan="6">Passe</td><td colspan="2">2 SA (1)</td><td colspan="5">3 SA</td><td colspan="2">4 SA(2)</td><td>Chelem</td></tr>
<tr><td colspan="16">Répétition de la couleur de réponse</td></tr>
<tr><td colspan="6">simple (2♡)(3)</td><td colspan="2">à saut (3♡)(4)</td><td colspan="5">à double saut (4♡)(4)</td><td colspan="3"></td></tr>
<tr><td colspan="16">Soutien de la mineure d'ouverture</td></tr>
<tr><td colspan="8">Simple (2◇)(5)</td><td colspan="8">à saut (3◇)(6)</td></tr>
<tr><td colspan="16">Annonce d'une nouvelle couleur</td></tr>
<tr><td colspan="7">Bicolore économique (2♣)(7)</td><td colspan="9">Bicolore cher (2♠) ou à saut (3♣)(8)</td></tr>
<tr><td>5</td><td>6</td><td>7</td><td>8</td><td>9</td><td>10</td><td>11</td><td>12</td><td>13</td><td>14</td><td>15</td><td>16</td><td>17</td><td>18</td><td>19</td><td>20 et +</td></tr>
</table>

1) Ne dénie pas 5 cartes à Cœur. Quand l'ouvreur est maximum avec 3 cartes à Cœur, il doit donner un fit différé à 3♡ (forcing), au lieu de conclure mécaniquement à 3SA.

2) Enchère non forcing dite "quantitative". L'ouvreur ne reparle qu'avec une ouverture maximum, sinon il passe.

3) 5 cartes et plus.

4) 6 cartes (non forcing).

5) Inconvénient pour jouer 1SA.

6) Forcing de manche.

7) Rebid ambigu non forcing qui indique une main faible avec plus de Trèfles que de Cœurs (on n'utilise pas le bicolore économique pour montrer 5 cartes dans la majeure, on la répète purement et simplement).

   Ex : S N
   1◇ 1♡
   1SA - 2♣ (♠ 5 4 - ♡ D 8 7 3 - ◇ 4 - ♣ R V 9 7 5 2)
   - 2♡ (♠ 5 4 - ♡ R D 9 5 3 - ◇ 9 3 - ♣ R V 8 3)

8) Forcing de manche. Moyen d'annoncer une teneur 5ème dans la première couleur répondue.

   NB : Le système naturel décrit ci-dessus présente quelques carences pour la description de certaines mains. C'est la raison pour laquelle les joueurs de compétition utilisent un relais artificiel à 2♣ (Roudi ou relais-Texas dit Ping Pong). Certaines des enchères évoquées plus haut ont alors des significations différentes. Leur description figure en Annexe. C'est le cas notamment des enchères propositionnelles de manche (2SA, 3♡) ou de chelem (4SA quantitatif). En outre, le bicolore économique est alors limité à 10 points.

REBIDS APRÈS 1♣ 1♡
2♣ ?

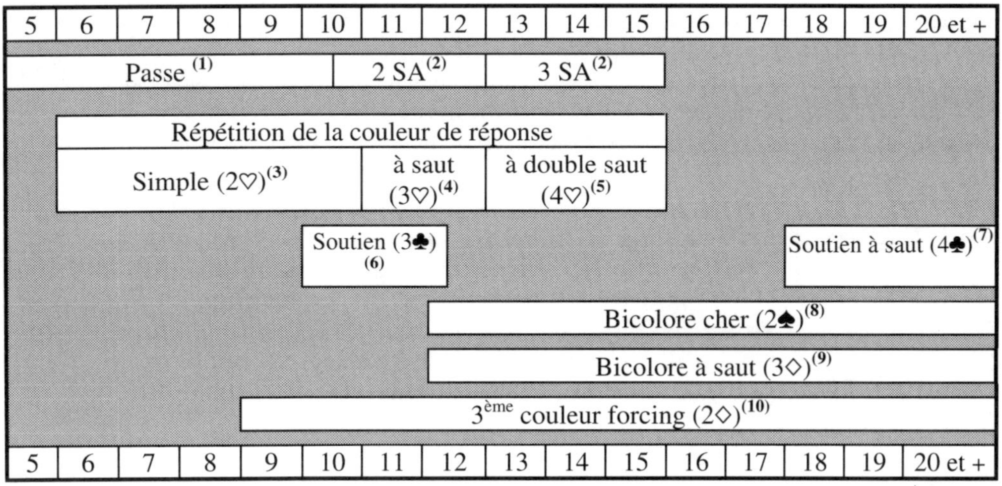

1) Politique du moindre mal, la main peut comporter 5 cartes à Cœur.

2) Arrêts dans les deux couleurs non nommées (la main n'est pas forcément régulière). Un honneur dans la couleur répétée peut être réévalué d'1 point.

3) 6 cartes (ou 5 très belles), non forcing.

4) 6 cartes solides, non forcing.

5) 7 cartes.

6) Non forcing - Invitation à jouer la manche, notamment 3SA.

7) Main irrégulière - chelem assuré.

8) Forcing de manche - les Piques peuvent n'être que 3èmes, puisque l'ouvreur les a déniés.

9) 2◇ (3ème couleur) étant forcing, le saut à 3◇ montre un beau bicolore 5-5 forcing de manche.

10) La 3ème couleur forcing (voir page 66) sera utilisée :

- pour explorer la manche à Cœur ou à Sans-Atout,
- pour obtenir la description de la main de l'ouvreur à bas niveau,
- pour rendre forcing :
  - la répétition ultérieure des Cœurs,
  - le soutien ultérieur des Trèfles.

LA 3ème COULEUR FORCING

La répétition par l'ouvreur au niveau de 2 de la couleur mineure d'ouverture, peut couvrir plusieurs types de mains, unicolore, bicolore inexprimable, et une zone de force relativement étendue, de 13 à 17 HL.

Il a donc paru souhaitable de disposer d'une enchère économique destinée à découvrir le meilleur contrat, en particulier quand une manche est possible.

Celle-ci consiste pour le répondant à utiliser artificiellement la couleur collée à celle de l'ouverture :

1♣	1♡
2♣	2◇

1♣	1♠
2♣	2◇

1◇	1♠
2◇	2♡

1♣	1♠
2♣	2♡

(naturelle car 2◇ a été sauté)

La 3ème couleur est forcing au moins pour un tour, et nécessite la possession d'un minimum de 9-10 PH. Au même titre que la 4ème couleur forcing, elle sert à :

– rechercher le fit par trois cartes dans la majeure répondue.
– explorer un contrat à Sans-Atout.
– décrire la main de l'ouvreur à bas niveau quand le répondant n'avait à sa disposition aucune enchère naturelle forcing.

Attitude de l'ouvreur

– Donner en toute priorité le fit avec trois cartes dans la majeure répondue

- au niveau le plus bas avec 12-13 PH,
- à saut avec 14-16 PH (même si le répondant n'y détient pas forcément 5 cartes).

– Se décrire au mieux, une enchère à Sans-Atout exigeant naturellement les arrêts adéquats (y compris celui dans la couleur artificielle).

Les enchères :
- de soutien au niveau de 2 de la majeure,
- de 2SA,
- de nouvelle répétition de la mineure d'ouverture,

ne sont pas forcing.

Poursuite des enchères

Si le répondant reparle en dépassant le palier de 2SA, soit en répétant sa majeure, soit en soutenant la mineure d'ouverture, il garantit un jeu fort et la situation redevient forcing.

La 3ème couleur à saut

Comme la 4ème, elle est naturelle et garantit un véritable bicolore fort à honneurs concentrés.

REBIDS APRÈS 1♠ 2♣ / 2♠ ?

<table>
<tr><td>10</td><td>11</td><td>12</td><td>13</td><td>14</td><td>15</td><td>16</td><td>17</td><td>18</td><td>19</td><td>20 et plus</td></tr>
<tr><td></td><td colspan="5">Soutien de la majeure</td><td colspan="5">Annonce d'une nouvelle couleur (3♢-3♡),
puis soutien de la majeure (2)</td></tr>
<tr><td></td><td colspan="2">3♠ (1) *</td><td colspan="3">4♠</td><td colspan="5"></td></tr>
<tr><td></td><td colspan="2">2SA *</td><td colspan="3">3SA</td><td colspan="5"></td></tr>
<tr><td colspan="2">Répétition
(3♣)(1)(4)</td><td colspan="9"></td></tr>
<tr><td colspan="2"></td><td colspan="9">Annonce d'une nouvelle couleur (3♢-3♡)(5)</td></tr>
<tr><td colspan="9"></td><td colspan="2">Soutien contrôle
(4♢-4♡)(6)</td></tr>
<tr><td>10</td><td>11</td><td>12</td><td>13</td><td>14</td><td>15</td><td>16</td><td>17</td><td>18</td><td>19</td><td>20 et plus</td></tr>
</table>

* Voir “ 2SA fitté ” en Annexe

1) Passe étant exclu (caractère auto-forcing de la réponse de 2♣), 3♠, 2SA et 3♣ sont les trois rebids servant à décrire les mains de force minimum.

Ex :

S	N	
1♠	2♣	
2♠	- 3♠	(♠ D 7 5 - ♡ 5 4 - ♢ 8 6 2 - ♣ A R V 9 3)
	- 2SA	(♠ 10 2 - ♡ D 10 5 - ♢ R V 7 5 - ♣ A V 8 7)
	- 3♣	(♠ 2 - ♡ R 10 3 - ♢ 8 7 2 - ♣ R D V 10 9 7)

2) Montre une force dans une couleur qui ‘est pas forcément 4ème. Ce qui compte, c’est de rendre forcing le fit ultérieur de la majeure.

Ex :

S	N	
1♠	2♣	
2♠	3♢	
3♡	3♠	(♠ R V 9 2 - ♡ 6 4 - ♢ A D 3 - ♣ A D 10 5)

3) Des arrêts dans les couleurs non nommées sont bien entendu indispensables, sinon on transitera par une nouvelle couleur.

4) 6 cartes - Non forcing.

5) Montre une force dans une couleur qui n’est pas forcément 4ème (ce rebid peut en effet constituer une recherche de Sans-Atout).

Ex :

S	N	
1♠	2♣	
2♠	3♢	(♠ 6 2 - ♡ 9 8 2 - ♢ A D 8 - ♣ A D V 7 5)

6) Voir "Enchères de contrôle" page 81.

REBIDS APRÈS 1♡ 1♠ 2♣ ?

Remarque : Eu égard au caractère ambigu de toutes ces enchères (12 à 18/19 HL chez l'ouvreur, 5/6 HL chez le répondant), l'attitude à adopter par ce dernier est assez délicate. En fonction de sa force, il a le choix entre quatre types d'enchère :

- faibles : 6 à 10 HL ou HLD,
- propositionnelles : 10 $^{+}$ à 12 HL ou HLD,
- de manche : 12 $^{+}$ à 15 HL ou 13 à 15 HLD,
- forcing : 12/13 HL et plus.

<table>
<tr><td>5</td><td>6</td><td>7</td><td>8</td><td>9</td><td>10</td><td>11</td><td>12</td><td>13</td><td>14</td><td>15</td><td>16</td><td>17</td><td>18</td><td>19</td><td>20 et +</td></tr>
<tr><td colspan="3">Passe (1)</td><td colspan="13"></td></tr>
<tr><td colspan="11">Soutien des Cœurs *</td><td colspan="5"></td></tr>
<tr><td colspan="6">simple (2♡)(2)</td><td colspan="2">à saut (3♡)(3)</td><td colspan="3">à double saut (4♡)</td><td colspan="5"></td></tr>
<tr><td colspan="6"></td><td colspan="2">2 SA (4) *</td><td colspan="3">3 SA (4) *</td><td colspan="5"></td></tr>
<tr><td colspan="11">Répétition des Piques</td><td colspan="5"></td></tr>
<tr><td colspan="6">simple (2♠)(5)</td><td colspan="2">à saut (3♠)(6)</td><td colspan="3">à double saut (4♠)(7)</td><td colspan="5"></td></tr>
<tr><td colspan="5"></td><td colspan="3">Soutien de la mineure (3♣)(8)</td><td colspan="3"></td><td colspan="5">Soutien à saut de la mineure (4♣)(9)</td></tr>
<tr><td colspan="8"></td><td colspan="8">Saut dans la dernière couleur (3♢)(10)</td></tr>
<tr><td colspan="6"></td><td colspan="10">4ème couleur forcing (2♢) *</td></tr>
<tr><td>5</td><td>6</td><td>7</td><td>8</td><td>9</td><td>10</td><td>11</td><td>12</td><td>13</td><td>14</td><td>15</td><td>16</td><td>17</td><td>18</td><td>19</td><td>20 et +</td></tr>
</table>

1) Nette préférence pour les Trèfles.
2) Spécifiquement 2 cartes à Cœur.
3) Non forcing - 3 cartes à Cœur (voir " 2SA fitté " en Annexe)
4) Tenues dans la dernière couleur nécessaires. La main peut être irrégulière.
5) 6 cartes (5 belles sont tolérées, mais seulement avec un singleton Cœur et misfit Trèfle).
6) 6 cartes correctes.
7) 7 cartes.
8) Au moins 4 Trèfles et pas de fit à Cœur.
9) Bicolore 5 - 5 Pique - Trèfle à honneurs concentrés.
10) Bicolore 5 - 5 Pique - Carreau à honneurs concentrés.

* La 4ème couleur forcing (voir page 62) sera utilisée avec :
- 5 cartes à Pique à partir de 11 - 12 HL,
- un soutien à Cœur de 16 HLD et plus,
- un jeu régulier sans arrêt à Carreau
- un soutien à Trèfle de 13 HLD et plus,
- un jeu régulier de 16 H et plus,
- un unicolore au moins 6ème à Pique de 15 - 16 HL et plus.

REBIDS APRÈS 1♠ 2♣ / 2♢ ?

10	11	12	13	14	15	16	17	18	19	20 et plus
	Soutien de la majeure									
	simple (2♠)(1)*		à double saut (4♠)			à saut (3♠) (2) **				
	2 SA (3) *	3 SA (3)								
Répétition (3♣)(4)										
		Avec le fit quatrième à Carreau(5) **								
	4e couleur forcing (2♡) **									
10	11	12	13	14	15	16	17	18	19	20 et plus

* Voir " 2SA fitté " en Annexe.

1) Le plus souvent 3 cartes (parfois un gros honneur second quand aucune autre enchère ne convient).

2) Le "jump préférence" à 3♠ (forcing avec ambitions de chelem) exige au moins un gros honneur troisième (ou Vxxx). A défaut, on diffère le soutien en transitant par la 4ème couleur.

3) Tenues à Cœur nécessaires.

4) 6 cartes, non forcing.

5) Le soutien à 3♢ étant forcing, on évitera de l'exprimer immédiatement avec une main trop plate. On lui préférera dans un premier temps la 4ème couleur.

** La 4ème couleur (voir page 62) sera employée :

- soit avec l'intention de soutenir par la suite et montrer par là même un fit de mauvaise qualité,
- soit en recherche d'un arrêt pour jouer les Sans-Atout,
- soit avec une main trop forte pour " conclure ".

REBIDS APRÈS 1♢ 1♠
2♡ ?

Remarque importante

L'annonce d'un tel bicolore, dit "cher" (nommé en inversée), indique en principe au moins 5 cartes dans la couleur d'ouverture et 4 dans celle de redemande dans une main d'au moins 17 PH (un peu moins avec un bicolore 6-4 ou 6-5). L'annonce est non seulement forcing, mais auto-forcing, c'est-à-dire que l'ouvreur s'engage à reparler une fois, si la manche n'est pas atteinte.

Les différents rebids

- ***Répétition de la majeure*** : elle promet 5 cartes, mais reste totalement ambiguë quant à la force.

  Ex : S N
  1♢ 1♠
  2♡ 2♠ (♠ R 9 7 4 2 - ♡ R 5 4 - ♢ 6 2 - ♣ 9 7 2)
  (♠ A D 9 7 3 - ♡ A 5 4 - ♢ V 9 2 - ♣ D 2)
  Nord ne sera pas tenu de reparler une nouvelle fois.

- ***Soutien de l'une des couleurs de l'ouvreur***
  Le retour au niveau de trois dans la première couleur ne constitue pas une simple préférence, mais un soutien fort et constructif. Il en est de même du soutien de la seconde.

  Ex : S N
  1♢ 1♠
  2♡ - 3♢ (♠ R D 10 7 - ♡ 4 - ♢ R 10 8 5 - ♣ A 8 6 2)
  - 3♡ (♠ A 8 6 3 2 - ♡ R V 9 4 - ♢ D 5 - ♣ 9 5)

Les soutiens avec des jeux faibles se traitent de façon artificielle par l'enchère de 2SA (voir § suivant).

- ***Enchères à Sans-Atout***
  – 3 SA : naturel, sans fit franc dans aucune des deux couleurs de l'ouvreur, 11-12 pts,
  – 2 SA dit "modérateur", enchère bivalente :
    • naturelle : 7 à 9/10 PH avec arrêt dans la dernière couleur,
    • artificielle : permet de s'arrêter éventuellement au niveau de trois dans l'une des couleurs du bicolore. En effet, sur ce 2 SA, l'ouvreur minimum* est tenu de revenir à trois dans sa couleur d'ouverture. Le répondant clarifie la situation au tour suivant :

  Ex : S N
  1♢ 1♠
  2♡ 2 SA
  3♢ - Passe (♠ R 9 6 3 - ♡ V 6 2 - ♢ 10 7 3 - ♣ D 7 2)
  - 3♡ (♠ R 9 6 3 2 - ♡ V 10 6 2 - ♢ 7 3 - ♣ D 3)
  - 3 SA (♠ D 10 6 2 - ♡ D 3 2 - ♢ 6 2 - ♣ R V 9 7)

** Si l'ouvreur, très fort, craint que son partenaire ne passe sur la rectification, il doit sélectionner une autre enchère : 3♠, 3 SA, ou 3♣ (dernière couleur).*

REBIDS APRÈS 1♠ 1SA
2SA ?

La réponse de 1SA, obligatoire de 6 à 10 points en l'absence de fit, a pu être effectuée avec des mains de distributions différentes.

L'annonce d'une couleur au niveau de 3 est la marque d'un jeu faible unicolore (c'est un arrêt quasi absolu).

Si le répondant est sûr de la manche et qu'il détient des Cœurs :

- avec 6 cartes, il saute à la manche,
- avec 5 cartes, il dit 3♡.

REBIDS APRÈS 1♡ 1SA
2♣ ?

Le bicolore économique pouvant aller jusqu'à 18-19 HL, le répondant doit s'ingénier dans toute la mesure du possible à maintenir les enchères ouvertes afin de laisser à l'ouvreur la chance de prendre une nouvelle initiative.

- Il ne passe qu'avec une assez nette préférence entre les Trèfles et les Cœurs dans un jeu faible.

Sinon :

- il donne une préférence à 2♡ avec 2 cartes,
- il dit 2◇ avec un jeu faible unicolore au moins 6ème,
- il soutient à 3♣ avec 4 ou 5 cartes.

- Si sa main s'est revalorisée de façon considérable : 9-10 points et fit 5ème ou 6ème à Trèfle (♠ AV3 - ♡ 8 - ◇ 9743 - ♣ RV982), il utilise l'enchère " impossible " de 2♠, voire de 3♠, si sa main est extrêmement excentrée, par exemple avec : ♠ A4 - ♡ 4 - ◇ 9852 - ♣ RV10532

Quand la force est combinée à Trèfle et à Carreau :
(♠ 985 - ♡ 4 - ◇ A82 - ♣ RV9632), il saute à 3◇.

Et enfin, dans la séquence 1♡ 1SA
2◇

il dispose en outre :

- de l'enchère " impossible " de 3SA pour décrire une main du genre :
♠ 753 - ♡ 8 - ◇ RV8754 - ♣ A82 , c'est-à-dire un fit exceptionnel à Carreau et une force annexe à Trèfle,

- de la préférence avec saut à 3♡ pour montrer un fit exceptionnel à Carreau avec un honneur second à Cœur (♠ 86 - ♡ R7 - ◇ RD10854 - ♣ 865).

Après	1♠	1SA
	2♣	l'enchère de 2♡ peut être effectuée avec seulement 5 cartes.

Les situations les plus fréquentes ont été étudiées en détail. Pour celles qui suivent, je me suis borné à en souligner les points importants.

REBIDS APRÈS 1♠ 2♣
2SA ?

Un tel départ est tout naturellement forcing de manche, puisqu'il y a au moins 25-26 points dans l'axe (15 chez l'ouvreur et 10-11 chez le répondant).

Corollaires :

– Le soutien à 3♠ montre des ambitions de chelem. L'ouvreur enclenche le processus des contrôles, sauf avec une ouverture ultra minimum (15 laids).

Ex: 1♠ 2♣
2SA 3♠
- 4♣ (♠ A D 10 6 2 - ♡ R 8 2 - ◇ A 7 - ♣ R 10 5)
- 4♠ (♠ R V 6 5 2 - ♡ R V 3 - ◇ R D 8 - ♣ D 5)
- 3SA* (♠ D 8 7 5 4 - ♡ A 3 - ◇ A R 9 - ♣ R V 5)

Donc, si sur 2SA, le répondant fitté ne tient pas à aller au chelem, il doit conclure en sautant à 4♠.

* *Mauvaise qualité d'atout dans une belle main (voir page 87)*

– La répétition des Trèfles (6 cartes et plus) n'est pas un signe de faiblesse, comme ce serait le cas après la répétition des Piques ou un bicolore économique. Elle montre qu'un autre contrat que 3SA est possible :

1♠ 2♣
2SA 3♣ (♠ R 7 - ♡ D 10 5 - ◇ A - ♣ R 10 9 7 5 3 2)

Sur cette répétition, l'ouvreur est tenu d'indiquer l'emplacement de ses forces. Ainsi, dans l'exemple cité, s'il dit 3◇, il sera sage de revenir à 3SA. Sur 3♡ en revanche, l'enchère de 3♠ (montrant un gros honneur second) constituera un nouveau pas vers le chelem.

REBIDS APRÈS 1♠ 2♣
3♣ ?

Contentons-nous de préciser que le soutien à 3♠ est forcing de manche. Si le répondant fitté possède un jeu sans avenir, il lui faut sauter à 4♠, car l'enchère de 3♠ montrerait des ambitions de chelem (enchère “ déclic ”).

Ex: 1♠ 2♣
3♣ - 4♠ (♠ 10 6 2 - ♡ A 5 - ◇ R 9 6 2 - ♣ R D 7 3)
- 3♠ (♠ R V 6 2 - ♡ 8 3 - ◇ A 5 - ♣ A D V 6 3)
- 3◇ (♠ R 8 - ♡ 6 4 2 - ◇ A V 5 - ♣ A V 9 6 3).

REBIDS APRÈS 1♠ 2♣
2♡ ?

Même quand l'ouvreur et le répondant ont tous deux des mains de force minimum, la découverte d'un fit permet la revalorisation en points HLD de chacune des mains. Il n'existe pratiquement pas de situation où il y aurait intérêt à s'arrêter avant la manche.

Donc, le soutien à 3♡ est forcing et, comme toujours en pareil cas, montre des ambitions de chelem :

Ex: 1♠ 2♣
2♡ - 3♡ (♠ R 7 - ♡ D V 9 3 - ◇ A 3 - ♣ A D 10 8 3)
- 4♡ (♠ 10 3 - ♡ A 10 6 3 - ◇ D 4 - ♣ A V 6 5 3)

REBIDS APRÈS 1♡ 1♠
1SA ?

Dans cette situation, le rebid à 2♡ montre une main de 11-12 pts HLD avec un fit 3ème à Cœur *

En effet, le répondant n'aurait aucune raison de "corriger" le contrat avec un doubleton Cœur dans un jeu faible, et avec 3 cartes dans la zone 6-10, il aurait soutenu à 2♡ au premier tour sans mentionner les Piques.

Et comme il pourrait aussi conclure à 4♡ au second tour, le rebid à 3♡ est forcing et révèle un espoir de chelem.

* Voir " 2SA fitté " en Annexe

REBIDS APRÈS

1♣	1♡	1◇	1♠
2SA*	?	2SA*	?

**18-19 si vous jouez le 2♣ F.I. et le 2◇ F.M.*

- **Soutien au palier de trois de la mineure d'ouverture**

1♣	1♠	1◇	1♡
2SA	3♣	2SA	3◇

montre un véritable fit et le plus souvent des ambitions de chelem

- **Annonce au palier de trois de l'autre mineure**

1◇	1♠	1♣	1♡
2SA	3♣	2SA	3◇

relais artificiel destiné à retrouver le fit 5-3 dans la majeure de réponse (dans le même esprit que le Roudi ou le Ping-Pong décrits en Annexe). L'ouvreur donne un fit différé avec trois cartes (voir * in fine).

- **Répétition de la majeure de réponse**

1◇	1♡	
2SA	3♡	6 cartes avec un espoir de chelem.

- **Enchère au palier de quatre :**
  - *dans une majeure*

1◇	1♠	
2SA	4♠	Conclusion avec 6 cartes

1♣	1♠	
2SA	4♡	5-5 limité à la manche. L'ouvreur passe ou rétablit à 4♠.

  - *dans une couleur, y compris celle d'ouverture*

1♣	1♠	1♣	1♠	montre un bicolore 5-5 de bonne
2SA	4◇	2SA	4♣	qualité avec des ambitions de chelem

  - *à 4 SA :* Enchère quantitative (14H).

** Après 1♣ 1♡, certains joueurs redemandent 2SA, bien qu'ils possèdent 4 cartes à Pique, quand leur jeu s'y prête. Le relais artificiel doit permettre de retrouver soit le fit 5-3 à Cœur (renseignement prioritaire), soit le fit 4-4 à Pique.*

LES REBIDS - SYNTHÈSE

Comme vous pouvez le constater, la deuxième enchère du répondant est l'une des plus délicates à maîtriser. Il n'est pas inutile de mettre de l'ordre dans ces différentes situations classées cette fois en fonction de leur nature : à hauteur de la manche, faibles, propositionnelles ou forcing.

REBIDS À HAUTEUR DE LA MANCHE

Ils sont fonction de la redemande de l'ouvreur :

En face d'une redemande précise (SA, soutien ou répétition)

Le répondant conclut s'il est sûr de la manche sans possibilité de chelem.

En face d'une redemande ambiguë
(nouvelle couleur au niveau de un ou bicolore économique)

Il n'effectue une enchère au niveau de la manche que si elle est précise (en gros de 12^+ à 15 points).

S'il est trop fort, il sélectionne une enchère forcing.

1) Conclusion à Sans-Atout

1♣	1♠
1SA	3SA

1◇	2♣
2SA	3SA

1◇	1♠
2SA	3SA

1♡	2♣
2SA	3SA

1♡	1♠
2♡	3SA

2) A hauteur de la manche dans l'une des couleurs de l'ouvreur

1◇	1♡
1♠	4♠

1♡	1♠
2♡	4♡

1♡	1♠
3♡	4♡

1♡	1♠
1SA	4♡

1♡	2♣
2SA	4♡

1♠	2♣
2♡	4♡

1♠	1SA
2♡	4♡

3) Conclusion dans la couleur du répondant

1♣	1♡
2♡	4♡

1◇	1♡
3♡	4♡

1♣	1♠
1SA	4♠

REBIDS FAIBLES

Si le répondant possède une main faible (5-6 à 10 points), il doit l'indiquer par un rebid de faiblesse.

1) A Sans-Atout

1♣	1♡
1♠	1SA

1♣	1♠
2♡	2SA*

** dit modérateur (n'est pas forcément faible)*

2) Rebid dans l'une des couleurs de l'ouvreur

1◇	1♡
1♠	2♠

1◇	1♡
1♠	2◇

1♡	1♠
2♣	2♡ *

** préférence avec 2 cartes*

3) Répétition de la couleur du répondant

1◇	1♡
2♣	2♡

1◇	1♠
1SA	2♠

4) Rebid dans une couleur moins chère

1◇	1♠
1SA	2♡

1◇	1♠
1SA	2♣*

1♡	1♠
1SA	2◇*

** 4 Piques seulement et 5 ou plutôt 6 cartes dans la mineure*

REBIDS PROPOSITIONNELS

Si le répondant estime que la manche peut exister, il utilise un rebid "limite" ou "propositionnel". Cette enchère montre en général $10^+/11$ HL ou 11/12 HLD après une redemande de l'ouvreur précise ou ambiguë.

1) A Sans-Atout

1♣	1♡
1SA	2SA

1◇	1♡
1♠	2SA

1♡	1♠
2♡	2SA

1♡	1♠
2♣	2SA

2) Proposition dans l'une des couleurs de l'ouvreur

1♣	1♡
1♠	3♠

1♡	1♠
2♡	3♡

1♡	2♣
2◇	2♡

1♡	1♠
2◇	3◇

1♡	1♠
2◇	3♡

1♡	1♠
1SA	2♡

1♠	1SA
2♡	3♡

1♡	2◇
2♡	3♡ *

1◇	1♡
2◇	3◇

** 11 - 12 HLD avec fit 3ème à Cœur (voir " 2SA fitté " en Annexe)*

3) Proposition dans la couleur du répondant

1♡	1♠
1SA	3♠

1◇	1♡
2◇	3♡

1◇	1♡
2♣	3♡

REBIDS FORCING

Nous avons vu qu'en face d'une redemande ambiguë, un rebid à hauteur de la manche n'est effectué que dans une fourchette précise de points. Le répondant ne peut malheureusement pas toujours sélectionner une telle enchère, par exemple parce que :

- il possède bien la force requise, mais ignore encore la nature du contrat (il peut avoir à solliciter un fit différé dans sa majeure $5^{\text{ème}}$, ou la possession d'un arrêt dans une couleur pour jouer à Sans-Atout),
- il a trop de jeu (possibilité de chelem).

Il doit donc utiliser une enchère forcing, par définition illimitée, enchère qui peut être naturelle ou artificielle, voire bivalente comme une enchère d'essai (pour la manche ou le chelem).

La liste ci-après reprend la plupart des situations de l'espèce, ainsi que celles à disposition du répondant quand l'ouvreur a utilisé lui-même une redemande forcing.

1) Soutien de la couleur d'ouverture

1♣ 1♡	1♣ 1♡	1♠ 2♣	1♡ 2♣	1◇ 1♡	1♣ 1♠
1SA 3♣	1♠ 3♣	2◇ 3♠	2SA 3♡	2SA 3◇	2♠ 3♣ *

** il s'agit ici d'une enchère d'essai*

1♣ 1♠	1♠ 2◇	1♠ 2♡	1♠ 2◇	1♡ 1♠	1♣ 1♡
2♡ 3♣	3♣ 3♠	3♡ 3♠	3◇ 3♠	1SA 3♡	1SA 2♣ *

- *seulement s'il s'agit d'un relais artificiel (Roudi ou Ping-Pong)*

2) Soutien de la deuxième couleur de l'ouvreur

1♠ 2♣	1♡ 2♣	1◇ 1♠	1♣ 1♡	1♡ 1♠	1◇ 2♣	1◇ 2♣
2♡ 3♡	2◇ 3◇	2♡ 3♡	2♠ 3♠	2♣ 4♣	2SA 3◇	2◇ 3◇

3) Répétition de la couleur du répondant

1◇ 1♡	1◇ 1♡	1♣ 1♡	1♣ 1♡
2SA 3♡	3◇ 3♡	2◇ 2♡	2◇ 3♡

4) Annonce d'une nouvelle couleur

1♣	1♡
1SA	2♠

1♠	2◇
2♠	3♣

1♣	1♠
1SA	3◇

1♣	1♠
2♠	3◇

1♣	1♠
3♠	4◇

1◇	1♡
2♣	2♠ *

1♡	1♠
2♣	2◇*

1♣	1♠
2♣	2◇**

1♡	1SA
2♣	2♠ ⊗

1♠	1SA
2♣	3◇ ⊗

** 4ème couleur forcing*

*** 3ème couleur forcing*

⊗ enchère "impossible"

5) Rebid à Sans-Atout

1♣	1♡
2◇	2SA*

1♣	1♡
2♠	2SA**

** modérateur*

*** il n'y a pas de 2SA modérateur sur un bicolore à saut*

IV

ENCHÈRES ET CONVENTIONS DE CHELEM

- CONTRÔLES
- BLACKWOOD
- 4SA QUANTITATIF
- ENCHÈRES DIRECTES À 5♡ OU 5♠
- JOSÉPHINE
- 3SA DANS UNE SITUATION INSOLITE

ENCHÈRES ET CONVENTIONS DE CHELEM

A l'occasion de la demande des chelems, on doit s'assurer que la force combinée des deux mains est suffisante. Il faut :

a) 33 HL(D) pour le petit chelem (une chance sur deux de réussite),
b) 36-37 HL(D) pour le grand chelem (trois chances sur quatre de gain).

La différence entre le nombre de points d'honneurs requis pour un chelem à Sans-Atout et à la Couleur est loin d'être négligeable car, dès qu'un fit est trouvé, les points de distribution revêtent une importance primordiale. Ainsi n'est-il pas rare de gagner des chelems à l'atout avec bien moins de 30PH.

En conséquence, l'une des préoccupations fondamentales lors de la demande des chelems aura trait à la recherche en priorité d'un atout de bonne qualité, puis de la concordance des mains.

De surcroît, il faut vérifier autant que faire se peut que les deux mains réunies possèdent tous les contrôles, de manière à ce que les adversaires n'aient pas la possibilité d'encaisser deux levées au départ.

C'est en cela que certaines conventions détaillées ci-dessous sont souvent utiles, voire indispensables.

ANNONCES DE CONTRÔLE

Après qu'un atout a été agréé par soutien exprimé ou par inférence, l'annonce d'une nouvelle couleur (au-dessus du palier de trois dans la couleur commune majeure ou de 3SA pour la couleur mineure) n'implique pas la possession d'une couleur réelle.

Elle montre que son auteur désire aller au chelem et que dans la couleur nommée, il ne peut en principe perdre directement plus d'une levée. Il y possède donc soit l'As ou une chicane (contrôles de premier tour) soit le Roi ou un singleton (contrôles de deuxième tour).

Il y a tout intérêt à appliquer la méthode consistant à montrer économiquement les contrôles sans opérer de distinction entre ceux du premier ou du second tour.

Quand un contrôle a été sauté, le partenaire ne poursuit les enchères vers le chelem que si, de son côté, il le possède. Sinon, il revient dans l'atout commun.

Exemple :

S	N
1SA	3♠
4♣	4♡
4SA	

Sud contrôle les Carreaux, sinon il devrait revenir à 4♠.

Cependant, dans une couleur présumée longue du partenaire, on ne nommera pas immédiatement un singleton ou une chicane (qui constituent plutôt un handicap), mais un contrôle d'honneur (As ou Roi).

Exemples :

S	N	S	N	S	N
1♠	2◇	1♠	2♣	1♠	2♣
2♡	3♠ (a)	2◇	3♠ (a)	2◇	3♠ (a)
4♣ (b)		4♣ (c)		4♣ (c)	4♡ (b)

(a) forcing, espoir de chelem
(b) contrôle quelconque du premier ou du second tour
(c) contrôle d'honneur, As ou Roi

LE SOUTIEN CONTRÔLE - CUE-BID DE CONTRÔLE ANTICIPÉ

Nous avons vu que le déclenchement des contrôles exige qu'un atout ait été agréé.

Dans certains cas, le répondant n'est pas à même de fixer la couleur d'atout en situation forcing. S'il annonce alors une couleur au niveau de quatre, il manifeste le désir de poursuivre vers le chelem et montre à la fois un contrôle dans la couleur nommée et le fit implicite dans celle du partenaire.

Exemples :

S	N
	1♠
2◇	3♠
4♣	

Piques agréés
contrôle Trèfle

S	N
	1♠
2◇	3♠
4♡	

Piques agréés
contrôle Cœur - pas de contrôle Trèfle

Dans d'autres situations, et même s'il a limité sa main, un joueur pourra annoncer un contrôle au niveau de quatre (parfois au niveau de trois) pour montrer à la fois le fit implicite, une belle main et le contrôle de la couleur annoncée.

Exemples :

S	N
1SA	3♠
4♣	

Fit Pique, belle main, contrôle Trèfle

S	N
1SA	3♡
3♠	

Cœurs agréés, belle main,
contrôle Pique

S	N
1SA	2♣
2◇	3♠ (5 cartes à Cœur + 4 Piques)
4♣ (fit à Cœur, beau SA, contrôle Trèfle)	

Quand deux couleurs ont été nommées, l'annonce d'un contrôle dévoile, outre les renseignements habituels, un fit implicite dans la seconde couleur.

Exemple :

S	N
1♢	1♠
1SA	3♡

4♣ (Cœurs agréés, belle main, contrôle Trèfle. Le fit dans une main laide avec des “ points perdus ” dans les mineures s’exprimerait par le soutien direct à 4♡).

Les exemples suivants ne sont pas compatibles avec les Splinters, si on les a adoptés (voir page 118)

S	N
1♠	2♢
2♠	4♣

Piques agréés - envie de chelem
contrôle Trèfle

S	N
1♡	2♢
2♡	3♠

Cœurs agréés - envie de chelem
contrôle Pique

CONTRE D’UNE ENCHÈRE DE CONTRÔLE

Quand une enchère de contrôle est contrée, le partenaire surcontre s’il contrôle la couleur au premier tour, passe s’il ne la contrôle pas et, en principe, surenchérit s’il y détient un contrôle de second tour.

Exemples :

S	**O**	**N**	**E**
1♠	passe	2♣	passe
2♡	passe	3♠	passe
4♣	passe	4♢	contre
?			

Mains de Sud :

♠ A D V 8 5	♡ A D 9 4	♢ 7 6	♣ R 7	: Passe
♠ A D V 8 5	♡ A D 9 4	♢ 8	♣ R 7 2	: 4♡
♠ A D V 8 7 5	♡ A D 9 4	♢ -	♣ R 7 2	: Surcontre

CONVENTION BLACKWOOD (BW)

Bien qu’elle recueille les faveurs de la plupart des joueurs, cette convention, consistant à demander le nombre d’As par l’entremise de l’enchère de 4SA, est souvent employée prématurément ou mal à propos.

On ne l’utilisera qu’aux conditions suivantes :

- fit d'atout préalablement établi (par soutien explicite ou implicite),
- en principe, toutes les couleurs contrôlées au premier ou au second tour,
- pas de chicane.

On évitera également de poser le BW avec un seul As quand l'atout agréé est Trèfle.

Il existe plusieurs types de réponses, dont voici les plus employées à l'heure actuelle :

BLACKWOOD " 30 - 41 "

- 5♣ : 0 ou 3 As
- 5◇ : 1 ou 4 As
- 5♡ : 2 As sans le Roi d'atout
- 5♠ : 2 As et le Roi d'atout
- 5SA : 2 As et une chicane utile.

Avec un As et une chicane utile : on saute à 6 dans la couleur de la chicane, quand celle-ci est inférieure à la couleur d'atout et, dans le cas contraire, on bondit à 6 dans la couleur de l'atout agréé.

BLACKWOOD MODERNE À CINQ CLÉS " 30 - 41 - 52 "

Le principe en est de considérer le Roi d'atout comme une clé au même titre que les As :

- 5♣ : 0 ou 3 clés
- 5◇ : 1 ou 4 clés
- 5♡ : 2 ou 5 clés sans la Dame d'atout
- 5♠ : 2 clés plus la Dame d'atout.

Remarques

- Après une ouverture forcing de manche, un BW par l'ouvreur interroge sur le nombre de Rois. Rappelons toutefois qu'après un départ 2◇ FM - 2SA ou bien 2♣ Albarran - 2SA, le saut à 4SA est un arrêt,
- Après un BW à 4SA, on peut demander le nombre de Rois (ou de Dames dans le cas précédent) grâce à l'enchère de 5SA;

Ce BW aux Rois implique la possession des 4 As et est suggestif de grand chelem. Du reste, si le partenaire détient des valeurs utiles non déclarées, il peut sauter directement au grand chelem. Sinon, il répond de façon classique 6♣ avec 0 ou 4 Rois, 6◇ avec 1 Roi, 6♡ avec 2 Rois et 6♠ avec 3 Rois ,en ne comptant plus le Roi d'atout si celui-ci a déjà été montré lors de la première réponse (certains utilisent également le " 30-41 " pour les Rois, il faut donc en convenir avec le partenaire).

- Pour s'arrêter quand il manque 2 As, il suffit de revenir au palier de 5 dans la couleur agréée. Quand celle-ci est dépassée, il faut nommer la première couleur " impossible " disponible pour obliger le partenaire à annoncer 5SA.

En revanche, quand après la réponse au BW on nomme au palier de 5 une couleur inférieure à la couleur d'atout agréée, il s'agit d'une question à l'atout. Le répondant ne nomme le chelem que s'il y possède 2 gros honneurs.

- Après une intervention adverse sur 4SA, on peut utiliser plusieurs conventions. Voici la plus courante :

  - passe : nombre pair d'As,
  - contre : tendance punitive, souvent zéro As),
  - couleur au-dessus, nombre impair d'As, main positive.

LE 4SA QUANTITATIF

L'enchère de 4SA n'est pas toujours un Blackwood, loin s'en faut. En effet, il est parfois indispensable de disposer d'une enchère naturelle pour proposer un chelem à Sans-Atout " au poids ".

On l'utilisera :

a) sur les ouvertures à Sans-Atout :

- soit directement
- soit après un Stayman ou un Texas (sauf après 1SA - 2♣ - 2SA, car il y a certitude d'un fit majeur),

b) sur les autres ouvertures, chaque fois que 4SA vient immédiatement après une enchère à Sans-Atout du partenaire sans qu'un fit ait été fixé au préalable,

c) dans un certain nombre de situations plus complexes qui sortent du cadre de cet ouvrage.

Voici les cas d'application les plus courants et les zones de points correspondantes :

Points HL de Sud	Sud	Nord	Points HL de Nord
$15^{+}/17$	1SA	4SA	16
20/21	2SA	4SA	12
$15^{+}/17$	1SA 2♢	2♣ 4SA	16
$15^{+}/17$	1SA 2♠	2♡ 4SA	16
$12/15^{-}$	1♣ 1SA	1♠ 4SA	$18^{+}/19$
18/19	1♣ 2SA	1♠ 4SA	14
16/18	1♠ 2SA	2♣ 4SA	$15^{+}/16$

Le joueur sollicité passe quand il est minimum, conclut au chelem ou développe les enchères quand il est maximum (attention l'annonce d'une couleur est naturelle et ne constitue pas une réponse au BW !)

Quand on veut demander les As et que l'enchère de 4SA ne serait pas utilisable à cet effet, on doit la faire précéder d'une enchère intermédiaire forcing, par exemple un contrôle.

ENCHÈRES DIRECTES À 5♡ OU À 5♠ (CONVENTION DITE DU “ 5 À LA MAJEURE ”)

Après vérification de tous les contrôles sans exception ou quand il en manque plus d’un, l’enchère au niveau de 5 dans une majeure fittée demande au partenaire de nommer le petit chelem avec une couleur d'atout convenable, en principe commandée par deux gros honneurs, et de passer dans le cas contraire.

Exemples

S	N
1♣	1♠
3♠	4♣
4◇	4♡
5♠	

question à l'atout, car tous les contrôles ont été annoncés.

S	N
1♡	2♣
2SA	3♡
3♠	5♡

question à l'atout, car seul le contrôle à Pique a été annoncé.

- En face d’une ouverture très forte (type ouverture de 2SA), le 5 à la Majeure garantit l’autonomie de la couleur d'atout et constitue une proposition de chelem, si toutes les couleurs annexes sont contrôlées par l’ouvreur:

Exemple :

S	N
2SA	3♡
3♠	5♠

- Chaque fois que le contrôle d’une seule couleur n’a pas encore été nommé (mais non dénié), le 5 à la Majeure invite le partenaire :

. à annoncer le petit chelem avec le contrôle du premier ou du second tour de la couleur,

. à nommer ce contrôle avec l’As ou la chicane, s’il pense que le grand chelem, est envisageable :

Exemples

S	N
1♣	1♠
3♠	4♣
4◇	5♠
?	

- Passe : pas de contrôle à Cœur,
- 6♠ : contrôle à Cœur,
- 6♡ : contrôle du premier tour, envie de jouer le grand chelem.

S	N
1♣	1♠
3♠	4♣
4♡	5♠

Le contrôle à Carreau ayant été dénié, le saut à 5♠ est une question à l'atout.

- Après intervention, le Cinq à la Majeure demande au partenaire de nommer le chelem, s’il contrôle la couleur adverse.

Exemple :

S	O	N	E
1♡	2◇	3◇	Passe
4♡	passe	5♡	passe
?			

- Passe : pas de contrôle à Carreau,
- 6♡ : contrôle à Carreau,
- 6◇ : contrôle du premier tour à Carreau, grand chelem possible.

CONVENTION JOSÉPHINE

Elle sert à régler les problèmes relatifs à la qualité de la couleur d'atout en vue de jouer un grand chelem :

- le BW n'a pas été utilisé : l'enchère à saut de 5SA invite le partenaire à nommer le grand chelem avec 2 des 3 gros honneurs dans la couleur d'atout agréée (l'absence de la Dame d'atout peut être compensée par des atouts en surnombre par rapport à ceux promis),
- le BW a été employé : on remplace l'enchère de 5SA (qui serait un BW aux Rois) par la déclaration au palier de 6 de la première couleur " impossible ", disponible en dessous de l'atout (le plus souvent 6♣).

N.B. : Lorsque l'atout agréé est Trèfle, le processus est un peu plus complexe. Le joueur qui veut interroger agit comme s'il voulait arrêter les enchères (voir page 84) et quand son partenaire rectifie à 5SA, il dit 6♣ qui devient alors un Joséphine.

LE 3SA DANS UNE SITUATION INSOLITE

– **Après un fit forcing au palier de 3** (qui montre des ambitions de chelem avec au minimum un gros honneur troisième à l'atout), l'ouvreur peut posséder une main correcte, mais avec des atouts de mauvaise qualité. Il le montre conventionnellement par l'enchère de 3SA. Si son vis-à-vis insiste alors vers le chelem, c'est que ses atouts sont commandés par au moins 2 gros honneurs.

Exemple :

S	N
1♠	2♣
2◇	3♠
?	

3SA : je ne suis pas opposé au chelem, mais mes Piques sont laids. En tout cas, je ne saurais me satisfaire du seul gros honneur que vous avez promis...
(ex : ♠ D 9 8 6 3 - ♡ A 9 - ◇ A R 6 2 - ♣ R 3)

– **Sur un soutien non forcing au niveau de 3**

- la déclaration au palier de 4 n'indique pas un contrôle, mais une couleur annexe qui nécessite un complément en face pour que le chelem soit envisageable (main bicolore),
- l'enchère de 3SA invite le partenaire à nommer son premier contrôle.

Exemple :

S	N
1♠	3♠
?	

- 4◇ : j'ai besoin d'un complément à Carreau (ne dénie pas le contrôle à Trèfle),
- 3SA : le chelem est possible, nommez vos contrôles, s.v.p.

V

ENCHÈRES DE LA DÉFENSE

- **INTERVENTIONS**
- **RÉVEILS**

INTERVENTIONS DU JOUEUR N°2

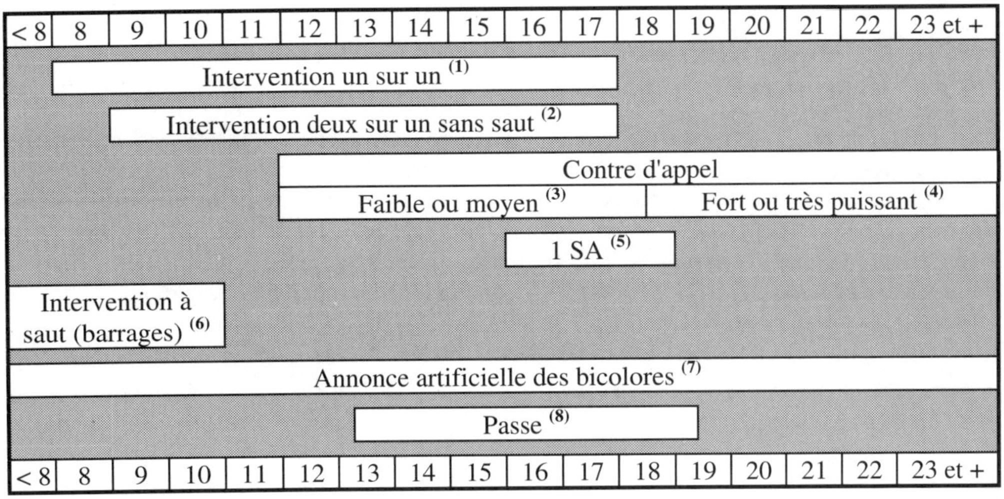

1) Les ingrédients d'une bonne intervention sont : une couleur au moins 5ème, des points, une distribution. Au palier de un, un seul d'entre eux suffit. Donc, plus la main est faible, plus la couleur doit être belle. On peut occasionnellement intervenir dans une couleur de 4 belles cartes (ARDx - ADVx - RD10x ...) avec une main forte (13H et plus) ne permettant pas de contrer d'appel.

2) Couleur le plus souvent 6ème, d'autant plus solide que le jeu est faible. L'intervention à 2♣ sur l'ouverture d'1♣ n'est pas un cue-bid et entre également dans cette catégorie.
Si ouverture 1T intervention 2T "Naturel" = 6 cartes 11/12 pts

3) Dans cette zone de points, il est interdit au contreur de reparler librement. La main est donc à tendance tricolore, courte dans la couleur d'ouverture. De surcroît, sur une ouverture mineure, elle comprend au moins 7 cartes dans les majeures, réparties 4 et 3 et sur une ouverture majeure, elle montre en principe 4 cartes dans l'autre majeure.

4) Distribution quasi indifférente (sauf avec 18HL réguliers où l'intervention à 1SA est prioritaire).

5) Un arrêt au moins sur ouverture mineure et de préférence un et demi sur ouverture majeure.

6) Couleur très solide - pas ou peu de levées défensives extérieures.

7) 6 perdantes au plus

• Sur ouverture mineure :	2♢ :	les deux majeures	NV < 10 pts = 8 mini; V ≥ 10 pts
	2SA :	les deux moins chères	≥ 9 pts
• Sur ouverture majeure :	cue-bid : (sur 1re couleur)	l'autre majeure et les Trèfles	10/11 pts
	3♣ :	l'autre majeure et les Carreaux	≥ 15 pts
	2SA :	les deux moins chères.	≥ 9 pts

cue-bid au 2ème couleur = NATUREL

8) Lorsque l'on est long dans la couleur adverse et qu'aucune intervention (1SA ou belle majeure 4ème) ne convient.

RÉPONSES AUX INTERVENTIONS

Remarque préliminaire : quand les deux camps se manifestent, la situation est dite compétitive. Dès qu'un fit existe, on enchérira en se référant à la Loi des Atouts, qui découle de celle des Levées Totales (de J.R. Vernes), c'est-à-dire que l'on pourra, " en sécurité distributionnelle ", parvenir au palier correspondant au nombre d'atouts détenus dans l'axe (niveau de deux avec 8 atouts, niveau de trois avec 9 atouts...). Si l'on apporte quelques corrections de bon sens résultant des vulnérabilités respectives, de l'emplacement des honneurs et des valeurs distributionnelles, on constatera que, dans la majorité des cas, ou bien le contrat demandé réussira, ou bien la chute sera rémunératrice, car le contrat adverse était gagnant (ceci suppose que les forces soient à peu près équitablement réparties entre les deux camps : 17 à 23 H, voire 15-25 quand la vulnérabilité est favorable).

INTERVENTION DANS UNE MAJEURE

Lorsque le partenaire intervient dans une couleur majeure, c'est le plus souvent dans cette couleur que le contrat sera joué, en attaque ou en défense.

RÉPONSES AVEC FIT

a) Soutien simple : 7 à 11HLD, 3 atouts (parfois 4 dans une main régulière),

b) Soutien au palier de trois : 4 atouts, 7 à 11HLD (voire moins, si la distribution est très irrégulière),

c) Soutien au palier de quatre : 7 à 11HLD, 5 atouts (nette tendance barrage),

d) Cue-bid simple : 12HLD et plus, 3 atouts (si le N°3 enchérit, le contre remplace le cue-bid simple et celui-ci remplace le cue-bid à saut),

e) Cue-bid à saut : 12HLD et plus, 4 ou 5 atouts dans une main sans belle couleur secondaire,

f) Changement de couleur à saut : 12HLD et plus, 4 ou 5 atouts et belle couleur exploitable.

RÉPONSES SANS FIT

a) Sans-Atout :

- *1SA :* 9 à 12HL,
- *2SA :* 13-14HL,
- *3SA (rare)* : 15-16HL (conclusion).

avec arrêts adéquats dans la couleur adverse.

b) Changement de couleur sans saut :

- au niveau de un (1♠ après intervention à 1♡) : 8-9HL et plus - le plus souvent 5 cartes - forcing.
- au niveau de deux : 8 à 12HL, le plus souvent 6 cartes - encourageant mais non forcing.

c) Cue-bid : 13HL et plus sans enchère naturelle satisfaisante.

INTERVENTION DANS UNE MINEURE

Les principes de réponses ne sont pas tout à fait identiques, car on cherchera en priorité à jouer un contrat ailleurs, à Sans-Atout ou dans une couleur majeure.

a) Changement de couleur : 8HL et plus, 5 cartes et plus (parfois 4 après 1♣ - 1♢),

b) 2SA : 10 à 12HL - semi-fit dans la couleur d'intervention, arrêt dans la couleur adverse,

c) 3SA : 13-15HL, semi-fit dans la couleur d'intervention, arrêt dans la couleur adverse,

d) Soutien simple : 7-10HLD - 3 atouts,

e) Soutien à saut : barrage avec distribution excentrée - 4 atouts et plus,

f) Cue-bid : 10 HL et plus - recherche d'un arrêt pour Sans-Atout ou d'un fit majeur 4-4.

En résumé, seuls sont forcing le cue-bid et le changement de couleur au même palier (sauf quand le n°3 fait une enchère).

INTERVENTION À 1SA

Le joueur n° 4 possède le plus souvent un jeu faible, aussi est-il souhaitable qu'il puisse disposer de toutes les réponses de misère (2♣ et 2♢ compris). C'est la raison pour laquelle, sur les interventions à Sans-Atout, on n'utilise classiquement ni Stayman (que l'on remplace par le cue-bid), ni Texas (les réponses au niveau de deux sont naturelles et faibles et les sauts au niveau de trois forcing avec 5 cartes).

Les joueurs de compétition utilisent maintenant un système assez sophistiqué permettant l'emploi du Stayman et du Texas.

Mais celui-ci est assez délicat à mémoriser, car il diffère selon que l'intervention à 1SA a été effectuée derrière une ouverture mineure ou derrière une ouverture majeure.

En voici les grandes lignes :

S	**O**	**N**	**E**
	1♢	1SA	passe
?			

- 2♣ est un Stayman classique,
- 2SA et 3SA sont naturels,
- 2♢, 2♡, 2♠ et 3♣ sont des Texas.

S	**O**	**N**	**E**
	1♡	1SA	passe
?			

- 2♣ est un Texas pour les Carreaux,
- 2♢ (le Texas " impossible ") est un Stayman,
- 2 SA et 3SA sont naturels,
- 2♡ et 2♠ sont des Texas.

INTERVENTION EN BARRAGE

Il faudra, en plus du fit, tenir compte des levées certaines en faisant fi des petits honneurs. La plupart du temps, on s'ingéniera à prolonger le barrage en s'appuyant sur la Loi des Atouts, plutôt que d'entreprendre la recherche d'un contrat joué en attaque.

INTERVENTION BICOLORE

L'évaluation de la main se fait essentiellement en couvrantes (honneurs situés dans les couleurs du bicolore, fit pour l'une d'entre elles, levées de tête ou de coupe dans les autres).

Dans les situations favorables, il faudra faire preuve d'un grand allant et enchérir en fonction de la Loi des Atouts.

L'annonce au niveau le plus bas de l'une des couleurs du bicolore peut être effectuée avec des jeux très faibles ou/et non fittés.

Les jeux forts s'expriment par un cue-bid ou une enchère à Sans-Atout.

RÉPONSES AU CONTRE D'APPEL

<table>
<tr><th>< 7</th><th>7</th><th>8</th><th>9</th><th>10</th><th>11</th><th>12</th><th>13</th><th>14</th><th>15 et plus</th></tr>
<tr><td colspan="2">Annonce d'une couleur sans saut[1]</td><td colspan="3">Annonce d'une couleur à saut [2]</td><td colspan="5"></td></tr>
<tr><td colspan="2"></td><td colspan="3">4♡ - 4♠ [3]</td><td colspan="5">4♡ - 4♠ [4]</td></tr>
<tr><td colspan="2"></td><td colspan="3">Cue-bid [5]</td><td colspan="5">Cue-bid [6]</td></tr>
<tr><td></td><td colspan="4">1SA[7]</td><td colspan="2">2SA[7]</td><td colspan="3">3SA[7]</td></tr>
<tr><td></td><td colspan="9">Passe[8]</td></tr>
</table>

1) Préférer l'annonce d'une couleur majeure à celle d'une mineure, même plus longue. Il arrive parfois que l'on doive nommer économiquement une couleur seulement 3ème, soit quand la couleur 4ème est celle d'ouverture, soit quand la couleur 4ème, laide, ferait changer de palier. Si l'adversaire de droite s'interpose, une réponse "libre" marque un minimum de 4 points, si la couleur est 5ème, et de 5 points, si elle n'est que 4ème.

2) Simple saut avec 4 cartes et double saut avec 5 cartes. Le saut dans une mineure exige un minimum de 5 cartes. On peut donc être amené à répondre au niveau de deux jusqu'à 8-9 points, notamment quand la réponse de 1SA n'est pas possible.

3) Au moins 6 cartes dans cette zone de force.

4) Au moins 5 cartes.

5) Avec les deux majeures au moins 4èmes, on peut utiliser le cue-bid avec une force atténuée, car on est pratiquement assuré d'un fit dans l'une d'entre elles. Quand le partenaire nommera sa majeure en réponse au cue-bid, on se contentera d'un soutien simple.

6) Pas d'enchère naturelle adaptée à la situation (recherche du fit majeur ou de Sans-Atout).

7) Pas de majeure 4ème. tenue adéquate dans la couleur d'ouverture (en revanche, il n'est pas nécessaire de détenir le moindre arrêt dans la couleur éventuellement annoncée par l'adversaire de droite).

8) Cette transformation du contre d'appel en punitif ne peut s'effectuer que si la teneur dans la couleur adverse est non seulement longue, mais parfaitement bien liée (sachez que le partenaire va entamer atout, il faut donc pouvoir supporter cette entame).

Contre d'une couleur annoncée juste derrière un contre d'appel

Signale que l'adversaire de droite a “volé” la couleur que l'on se proposait d'annoncer (son but est d'éventer un éventuel psychic). Il exige toutefois un minimum de 6-7 points.

Le recontre

Lorsque le partenaire de l'ouvreur soutient la couleur ouverte et contrée, le contre du répondant (appelé "recontre") n'est pas punitif. Il montre un jeu positif d'au moins 8PH sans enchère naturelle appropriée. Il est généralement :

? d'appel aux majeures après un fit mineur,

? d'appel aux mineures après un fit majeur. On utilisera également le recontre avec une main d'une dizaine de PH comportant quatre cartes dans l'autre majeure. On nommera cette couleur une fois que le contreur aura annoncé sa mineure (proposition de manche)

Cas particulier du surcontre par le partenaire de l'ouvreur

Dans la majorité des cas, le joueur n° 4 possède un jeu très faible et il passe s'il n'a rien d'intéressant à déclarer. Il devra néanmoins nommer une couleur 5ème, voire 4ème, si elle peut contribuer à ce que le partenaire ne dépasse pas le seul contrat jouable. Une enchère à saut montrera une couleur longue dans un jeu faible à distribution excentrée (barrage).

ATTITUDE DU PARTENAIRE DE L'OUVREUR

Voir page 43

REDEMANDE DU CONTREUR

Après une réponse minimum du partenaire :

- *Passe :* 12 à 16PH, même avec 4 cartes dans la couleur du partenaire. Toutefois, quand l'ouvreur reparle, le soutien devient purement compétitif,
- *Soutien simple :* 17 à 20HLD - Fit par au moins 4 cartes,
- *Soutien à saut :* 21 à 23HLD - fit souvent 5ème,
- *Soutien au niveau de la manche :* rarissime - 24-25HLD - fit 5ème,
- *Changement de couleur :* 17-18HL et plus - 5 cartes et plus,
- *Changement de couleur à saut :* 20 à 23HL - 6 cartes,
- *1SA ou 2SA sans saut :* 19-20HL - main régulière, tenue adéquate dans la couleur adverse,
- *2SA à saut :* 21-22HL,
- *Cue-bid :* main très puissante ou 20H et plus sans enchère naturelle.

Après une réponse semi-positive ou positive du partenaire :

- *Par Sans-Atout ou une couleur à saut :* cette enchère étant suffisamment précise, le contreur peut passer, conclure à la manche ou bien la proposer,
- *Par un cue-bid :* le contreur nommera sa couleur la plus économique, comme il le ferait dans le silence adverse, pour découvrir un fit.

INTERVENTIONS DU N° 2 SUR LES AUTRES OUVERTURES

INTERVENTION SUR UNE OUVERTURE DE BARRAGE

La conduite à tenir peut être assimilée à celle précédemment étudiée sur les ouvertures de un à la couleur (intervention par une couleur, par contre ou par Sans-Atout). Mais étant donné le palier élevé atteint par les enchères, il faudra être encore plus exigeant sur la force et plus rigoureux sur la distribution.

L'annonce d'une couleur

6 cartes (occasionnellement 5 très belles) dans un jeu de la force d'une ouverture.

Le contre

Les exigences sont plus sévères que pour un contre d'appel :
- 14-15PH au minimum,
- 4 cartes dans la (ou les) majeure(s) non nommée(s).

L'enchère de 3SA

Est naturelle :
- 17-18HL minimum,
- solide tenue dans la couleur d'ouverture.

NB : classiquement, le contre est d'appel jusqu'au niveau de 4♡. Sur l'ouverture de 4♠, le contre, qui garantit 3-4 levées de défense, présente un certain caractère optionnel. Le partenaire le transforme avec une main plate et enchérit avec une main distribuée. En contrant, le n° 2 doit s'assurer de ne pas connaître de difficulté, quelle que soit réponse de son partenaire. Si c'est le cas, il doit parfois passer, même avec la chute en main.

L'enchère de 4SA, qui montre un bicolore très excentré, oblige le partenaire à parler.

INTERVENTION SUR UNE OUVERTURE DE DEUX MAJEUR FAIBLE

L'annonce d'une couleur

- au même palier (2♠ sur 2♡) : au moins 5 cartes et 11-12 à 17-18 HL,
- au palier de trois : au moins 6 cartes.

Le contre

Est d'appel : 14HL et plus - 4 cartes dans l'autre majeure (sauf avec un jeu puissant de 19PH et plus).

En réponse à ce contre, l'annonce d'une couleur au niveau le plus bas est limitée à 7PH. L'enchère de 2SA est un mini cue-bid montrant une main de 8 à 10-11PH et le cue-bid indique 12H et plus.

L'enchère de 2SA

Est naturelle : 16-18HL, bons arrêts dans la couleur d'ouverture.

L'enchère de 3SA

Est naturelle : arrêt dans la couleur d'ouverture - le plus souvent des levées dans une couleur longue mineure.

INTERVENTIONS SUR L'OUVERTURE D'1SA

L'ANNONCE D'UNE COULEUR

- au moins 6 cartes,
- 7 à 12PH en fonction de la vulnérabilité.

On peut aussi intervenir en Texas, ce qui facilite l'annonce des mains bicolores.

Exemple :

S	O	N	E
			1SA
2♡	passe	2♠	passe
3♣			

Sud montre de façon commode son bicolore noir. En revanche, cette convention offre à l'adversaire des enchères supplémentaires (contre, cue-bid) et, de ce fait, perd un peu de son efficacité.

Exemple :

S	O	N	E
			1SA
2♡	contre		

Ici, c'est Ouest qui profite de l'intervention en Texas pour montrer gratuitement ses Cœurs, ce qu'il n'aurait pas pu faire aussi aisément sur l'intervention naturelle à 2♠.

LE CONTRE

Essentiellement punitif, mais il ne faut pas l'utiliser aveuglément, dès que l'on détient soi-même la force d'une ouverture à Sans-Atout. Il est préférable de disposer d'une couleur rapidement affranchissable avec des reprises annexes.

NB - certaines paires de compétition utilisent le contre pour montrer un bicolore comportant une majeure et une mineure.

LE 2♣ LANDY

Montre un bicolore majeur 5-5 ou 5-4 à partir d'une dizaine de points et le cas échéant 4-4 avec une main plus forte.

Avec un fit 4ème et quelques cartes utiles, le répondant nomme la couleur avec un saut, et avec cinq cartes, il saute pratiquement toujours à la manche. Il agit de même avec le fit et des "couvrantes" d'As dans les mineures (les autres honneurs sont des points perdus).

Sans fit majeur et sans espoir de manche, il nomme la couleur qu'il préfère. A égalité de longueur, il répond 2◇ pour faire choisir son partenaire.

Cette enchère de 2◇ peut également être utilisée comme mini cue-bid pour exprimer une main intéressante trop belle pour un barrage et pas assez forte pour nommer d'emblée la manche (par exemple ♠ D4 - ♡ RV104 - ◇ 983 - ♣ A973)

Sur 2♡, il sautera à la manche au nom du fit 9ème, du complément d'honneur à Pique et de la couvrante à Trèfle. En revanche, sur 2♠, il pourra se satisfaire d'une proposition de manche à 3♡.

INTERVENTIONS DU JOUEUR N°4

7	8	9	10	11	12	13	14	15	16	17	18

Après un changement de couleur un sur un du N°3

Déclaration d'une couleur[1]

Contre d'appel pour les deux couleurs restantes[2]

1SA[3]

2SA et cue-bid de la couleur d'ouverture [4]

Cue-bid de la couleur de réponse[5]

Après un soutien simple de la couleur d'ouverture

Déclaration d'une couleur [6]

Contre d'appel

Annonce de bicolores [7]

Les barrages sont classiques

Après une réponse d'1SA par le N°3

Les interventions usuelles (déclaration de couleur, contre d'appel...) doivent être sérieuses, car elles sont dangereuses; il en va de même des barrages.

Après un changement de couleur deux sur un du N°3

Les adversaires sont nettement majoritaires en PH. Le plus souvent, les interventions sont uniquement défensives.

7	8	9	10	11	12	13	14	15	16	17	18

1) Au moins 5 cartes au palier de un et 6 au palier de deux.
2) Impérativement 4 cartes dans la majeure non nommée et 4 ou 5 dans l'autre main relativement plate.
3) Tenues dans les couleurs adverses.
4) 2SA montre un bicolore offensif 5-5 ou 6-5 des autres couleurs, il sert essentiellement à découvrir un contrat de sacrifice. Le cue-bid montre aussi un bicolore 5-5 des autres couleurs, mais à caractère offensif. Il permet d'envisager le gain d'un contrat avec des levées de défense.
5) Naturel - 6 cartes dans la couleur adverse et du jeu (équivalent à un changement de couleur deux sur un).
6) Au moins 5 cartes au palier de deux et 6 au palier de trois.
7) Après le soutien simple, on peut comme en n° 2, utiliser les Michael's précisés ; le niveau atteint étant plus élevé, le maximum de perdantes sera de 5.

ENCHÈRES DE RÉVEIL

Un joueur est en situation de réveil quand c'est à lui de parler après deux " Passe " successifs (c'est-à-dire que, s'il passe lui aussi, les enchères sont terminées).

En règle générale, il n'est pas souhaitable de laisser l'adversaire jouer un contrat à un palier peu élevé. Le plus souvent, il faudra donc se manifester dans le but :

- de découvrir un contrat rémunérateur en attaque ou en défense,
- de pousser les adversaires au-delà de leurs limites de sécurité.

LE RÉVEIL CLASSIQUE

Exemple :

S	O	N	E
	1◇	passe	passe
?			

Le réveil est quasi automatique à partir de 7-8 PH. En effet, dans cette situation, le partenaire a forcément du jeu et " quelque chose " l'a empêché de se manifester. La plupart du temps, c'est qu'il ne possédait pas la répartition adéquate pour une intervention immédiate. On se gardera toutefois de réveiller avec 7-8 points, lorsque l'on détient 4 cartes ou plus dans la couleur d'ouverture.

Les principaux réveils sont : l'annonce d'une couleur, la déclaration de Sans-Atout, le contre et le cue-bid.

L'ANNONCE D'UNE COULEUR

Indique la présence de 5 cartes dans un jeu de force inférieure à l'ouverture (au niveau de un, la déclaration d'une belle couleur majeure seulement 4ème est acceptable, si aucune autre enchère ne convient).

Avec saut, l'enchère montre 6 cartes et une bonne dizaine de points (comme une belle ouverture de Deux faible).

Avec un jeu de force égale ou supérieure à l'ouverture, on contre d'abord et on nomme la couleur longue ensuite.

LA DÉCLARATION DE SANS-ATOUT

a) 1SA : 10 à 13 HL - distribution régulière, une tenue dans la couleur adverse, surtout si c'est une majeure,

b) 2SA : 17 à 19 HL - distribution régulière, une tenue au moins dans la couleur adverse,

c) Contre, suivi de Sans-Atout au niveau le plus bas : 13^{+} à 16 HL,

d) Contre, suivi d'un saut à Sans-Atout : 19^{+}- 20 HL,

e) Cue-bid, suivi de Sans-Atout : 21-22 HL.

LE CONTRE DE RÉVEIL

Il peut être effectué avec des mains assez faibles (7-8 PH), quand la répartition s'y prête (tricolore court dans la couleur d'ouverture).

Ces exigences distributionnelles ne sont plus de mise, lorsque l'on détient un jeu de la force d'une ouverture avec lequel on contre, quelle que soit la répartition.

LE CUE-BID

Montre un jeu bicolore comprenant :

- les 2 majeures sur ouverture mineure,
- une mineure (indéterminée) et l'autre majeure sur ouverture majeure.

On peut aussi utiliser les Michael's précisés :

S	O	N	E
	1♡	-	-

2♡ : bicolore Pique / Trèfle
3♣ : bicolore Pique / Carreau

S	O	N	E
	1♠	-	-

2♠ : bicolore Cœur / Trèfle
3♣ : bicolore Cœur / Carreau

2SA étant naturel, on ne peut pas montrer de bicolore mineur sur une ouverture majeure.

RÉPONSES AUX RÉVEILS CLASSIQUES

PAR UNE COULEUR

Le répondant parle uniquement avec un jeu intéressant, en s'efforçant de soutenir si la couleur de réveil est majeure :

– *soutien simple* : au moins 3 atouts et 11-13 HLD,
– *soutien à saut :* 4 atouts et 14-15 HLD

Si la couleur est mineure, il s'orientera plutôt vers Sans-Atout, à condition bien entendu de posséder un arrêt dans la couleur adverse.

Un changement de couleur mineure sur majeure est plutôt décourageant, à l'inverse d'un changement de couleur majeure sur mineure qui constitue une recherche de fit.

PAR 1SA

En dessous de 12 points, il faut passer ou annoncer une couleur longue sans saut.

Avec 12 ou 13 points, on peut dire 2SA ou sauter à 3 dans une couleur majeure longue qui n'aurait pas été annoncée au premier tour.

A partir de 14 points, il faut conclure à 3SA.

De plus, on peut utiliser le cue-bid comme faisant office de Stayman.

PAR 2SA

Procéder dans le même esprit en tenant compte que le réveil montre 17-19HL.

On peut utiliser les mêmes conventions que sur l'ouverture de 2SA.

PAR CONTRE

Dans ce cas, le répondant est le plus souvent renseigné sur la valeur du contre. Ainsi, en possession d'une main forte avec laquelle il n'aurait pu se manifester, peut-il penser que le partenaire annonce avec ses points.

En revanche, quand il a une main faible, il y a une forte présomption pour que le contre soit fort ou au moins moyen.

Dans le dessein de parer à toutes les éventualités :

- l'annonce d'une couleur au palier le plus bas peut aller jusqu'à 11-12 points,
- 1SA montre 9-12 HL (une tenue dans la couleur d'ouverture, pas de majeure annonçable), 2SA 13-14 HL et 3SA 15-16 HL (un arrêt et demi dans la couleur adverse, pas de majeure annonçable),
- l'annonce d'une couleur avec saut montre 12-13 points,
- le cue-bid se pratique avec 13 points et plus.

Enfin, il est à noter que la transformation du contre de réveil en punitif est assez fréquente, lorsque le n°2 n'a pu se manifester au premier tour en raison de sa trop grande force dans la couleur d'ouverture adverse.

LE RÉVEIL APRÈS PLUSIEURS ENCHÈRES ADVERSES

Dans cette situation, qui révèle une valeur combinée limitée chez les adversaires, le réveil est une affaire de circonstances et surtout de jugement.

De l'expérience, une loi générale a pu être dégagée : en cas de fit adverse, le réveil est généralement efficace :

- soit parce que l'on découvre un bon contrat avec son partenaire (les chances d'y parvenir sont accrues, quand les adversaires sont fittés),
- soit parce qu'on les incite à reparler, avec le risque pour eux de dépasser les limites de leurs possibilités.

En revanche, quand les adversaires ne sont pas fittés, et même s'ils sont faibles, le réveil " ultérieur " est bien plus dangereux.

Pour réveiller, on utilisera les mêmes enchères que celles utilisées pour les interventions, mais avec des exigences atténuées. On pourra donc nommer une couleur, contrer d'appel ou faire une enchère à Sans-Atout afin de montrer une main bicolore dans les mineures.

LES RÉPONSES À CE TYPE DE RÉVEIL

Il est important de souligner que dans un tel contexte, votre camp lutte plutôt pour la partielle quc pour une recherche de manche.

Le contre de réveil ne respecte pas forcément les exigences normalement requises. Il a donc été nécessaire d'adapter en conséquence les réponses à ce contre et les développements ultérieurs :

- la réponse d'une couleur mineure au palier de 3 promet 5 cartes.

Exemple :

S	**O**	**N**	**E**
	1♡	passe	2♡
passe	passe	contre	passe
3♣ -3◇			

promet 5 cartes

- l'enchère de 2SA est artificielle. Elle demande au partenaire de nommer sa couleur 4ème la plus économique.

Exemple :

S	**O**	**N**	**E**
	1♡	passe	2♡
passe	passe	contre	passe
2SA	passe	3♣ 3◇	passe

- si exceptionnellement le contreur reparle après la réponse au contre, il indique un bicolore comprenant la couleur nommée et la dernière :

Exemple :

S	O	N	E
			1♢
passe	2♢	passe	passe
contre	passe	2♡	passe
2♠			

2♠ montre des Piques et des Trèfles (♠ AV93 - ♡ 62 - ♢ 84 - ♣ AV852)

LES RÉVEILS SUR LES AUTRES OUVERTURES

RÉVEILS SUR L'OUVERTURE D'1SA

Il serait inopportun de se manifester avec des mains lourdes en points et régulières, car la plupart des honneurs sont mal placés, devant la main forte.

On réveillera plutôt avec des mains bien distribuées, unicolores ou bicolores.

Réveil par une couleur

Sera d'autant plus justifié que la couleur sera longue et le jeu faible. Une couleur 6ème est pratiquement toujours annonçable. Quelques points et un singleton suffisent...

Un réveil par une couleur 5ème est également acceptable, mais il nécessite un peu plus de jeu et une distribution intéressante, par exemple un bicolore 5-5.

Réveil par un 2♣ Landy

Comme en n° 2, montre un bicolore majeur, mais avec des exigences de force et de distribution atténuées.

Réveil par un contre

Repose sur une belle couleur au moins 5ème affranchissable en une seule fois avec une reprise annexe, donc une dizaine de points au moins (contre “ Jaïs ”).

Si le partenaire le transforme, il ne lui reste qu'à trouver la bonne entame (dans une courte sans honneur).

Dans le cas contraire, il dit 2♣ pour permettre au contreur de nommer sa couleur longue.

RÉVEILS SUR LES BARRAGES

Avec une courte dans la couleur d'ouverture (singleton ou chicane), le réveil est pratiquement systématique à partir de 8 points, car le partenaire a sans doute été muselé en raison de sa distribution.

Avec trois cartes et plus en revanche, il faudra beaucoup plus de jeu pour réveiller les enchères.

LES CONTRES D'ENTAME

Nous avons vu au fil des pages précédentes les différentes significations accordées au contre : punitif, appel, Spoutnik, essai, " de soutien "...

Le contre est également utilisé dans le dessein d'indiquer une entame..

I - LES CONTRES EN COURS DE SÉQUENCE

A - Contre d'une enchère artificielle :

Stayman - Texas - Roudi ou Ping-Pong - Drury - Splinter - Enchère de contrôle - Réponse au Blackwood - 4ème couleur - 3ème couleur - Réponses artificielles...

Demande l'entame dans la couleur annoncée artificiellement.

B - Contre d'un cue-bid :

S	O	N	E
1♢	1♠	2♠	contre

Montre l'un des trois gros honneurs à Pique

II - CONTRE D'UNE ENCHÈRE FINALE À SANS-ATOUT

A - Aucune couleur n'a été nommée :

S	O	N	E
1SA	passe	3SA	contre

Demande l'entame Pique

B - Une seule couleur a été annoncée (ou promise) par le mort :

S	O	N	E
1♢	passe	1♡	passe
1SA	passe	3SA	contre

Demande l'entame Cœur

S	O	N	E
1SA	passe	2♣	passe
2♡	passe	2SA	passe
3SA	passe	passe	contre

La séquence montre à l'évidence que Nord possède des Piques 4èmes. Le contre demande donc l'entame dans cette couleur.

C - Deux couleurs ont été nommées par le mort :

S	O	N	E
1♡	passe	2♣	passe
2♡	passe	2♠	passe
2SA	passe	3SA	contre

Demande l'entame Trèfle, la première couleur déclarée par Nord.

D - Une couleur a été nommée par la défense (situations délicates, voire controversées) :

a) Par le partenaire de l'entameur

S	O	N	E
		1◇	1♠
2SA	passe	3SA	contre

Classiquement, le contre impose l'entame à Pique. Mais on préfère maintenant contrer pour indiquer au partenaire qu'une autre entame doit être sélectionnée (cas où Est serait intervenu avec par exemple : ♠ AV962 - ♡ V8 - ◇ 7 - ♣ RDV105)

b) Par l'entameur lui-même

S	O	N	E
1◇	1♠	2♠	passe
2SA	passe	3SA	contre

Est a eu l'occasion de contrer le cue-bid. Comme il ne l'a pas fait, il ne souhaite pas une entame Pique.

S	O	N	E
1◇	1♠	2♣	passe
2SA	passe	3SA	contre

Est n'a pas eu l'occasion de contrer au premier tour. Il demande l'entame à Pique, couleur dans laquelle il possède un complément d'honneur court.

III - LE CONTRE D'UN CHELEM (OU CONTRE " LIGHTNER ")

Demande de sélectionner une entame " anormale ". Sont donc interdites :

- l'entame atout,
- l'entame de la couleur éventuellement annoncée par la défense,
- la couleur " verte ", quand trois couleurs ont été nommées.

Le plus souvent, ce contre émane d'une chicane qu'à la lumière des enchères, l'entameur sera le plus souvent à même de découvrir.

ANNEXES

- RÉPONSES À L'OUVERTURE D'1SA APRÈS INTERVENTION (LEBENSOHL - RUBENSOHL)
- DÉVELOPPEMENTS APRÈS UN SPOUTNIK SIMPLE
- DÉVELOPPEMENTS APRÈS UN SPOUTNIK MODERNE (LA "COLLANTE")
- DÉVELOPPEMENTS APRÈS UN SPOUTNIK GÉNÉRALISÉ
- 2♣ ROUDI - 2♣ RELAIS-TEXAS (PING-PONG)
- LES SPLINTERS
- LE 2SA FITTÉ

RÉPONSES À L'OUVERTURE D'1SA APRÈS INTERVENTION

LA CONVENTION LEBENSOHL

INTERVENTION ADVERSE À CARACTÈRE NATUREL

S	O	N	E
		1SA	2♡
?			

La convention consiste à utiliser l'enchère de 2SA, non plus dans son sens naturel (8-9HL), mais comme transfert pour 3♣.

Grâce à deux types différents d'enchères, le camp de l'ouvreur sera la plupart du temps à même de découvrir le meilleur contrat.

Les enchères naturelles directes

- couleur au palier de deux (2♠) - naturel, compétitif,
- couleur au palier de trois (3♠) - 5 cartes, forcing,*
- 3SA- naturel avec garde à Cœur,
- 3♡ - (cue-bid qui remplace le Stayman donc ici avec 4 cartes à Pique) et un arrêt à Cœur,
- Contre - 8 H - remplace l'enchère naturelle de 2SA.

Les enchères après Lebensohl (2SA pour 3♣)

- passe - compétitif, long à Trèfle
- 3◇ (couleur moins chère que celle d'intervention) - compétitif
- 3♠ (couleur plus chère que celle d'intervention) - 5 cartes - enchère propositionnelle,*
- 3SA - naturel, mais sans arrêt à Cœur,**
- 3♡ (cue-bid qui remplace le Stayman, donc ici avec 4 cartes à Pique, mais sans arrêt à Cœur).*

** il existe une variante qui consiste à utiliser la réponse de 3♠ toujours forcing :*

- avec l'arrêt à Cœur, si elle est effectuée directement,

- sans l'arrêt à Cœur, si elle est précédée du 2SA Lebensohl.

*** à défaut de pouvoir jouer à Pique ou à Sans-Atout, il faudra se réfugier dans un contrat en mineure.*

INTERVENTION ADVERSE PAR UN 2♣ LANDY

On peut chercher à jouer 3SA ou à punir les adversaires.

Pour jouer 3SA

- avec des tenues dans les 2 majeures : soutenir à 3SA,
- avec arrêt dans une seule des majeures : nommer cette couleur (le principe étant que quand les adversaires ont nommé 2 couleurs, le cue-bid est affirmatif),
- sans tenues dans les majeures : utiliser le Lebensohl.

Pour punir les adversaires

On utilise le contre immédiat pour indiquer que l'on est susceptible de pénaliser l'adversaire dans l'une au moins des 2 majeures.

LA CONVENTION RUBENSOHL

INTERVENTION À CARACTÈRE NATUREL

S	O	N	E
		1SA	2♡
?			

Les enchères au niveau de deux sont naturelles et faibles.

A partir du palier de 2SA, toutes les réponses sont des Texas : 2SA pour les Trèfles, 3♣ pour les Carreaux, 3◇ pour les Cœurs, 3♡ pour les Piques.

Le " Texas impossible " (transfert pour la couleur adverse comme ici 3◇) fait office de Stayman. Il promet 4 cartes à Pique et un jeu de manche. L'ouvreur :

- fitte les Piques, s'il en possède 4,
- dit 3SA sans 4 cartes à Pique, mais avec l'arrêt à Cœur,
- fait un cue-bid à 3♡ sans 4 cartes à Pique ni arrêt à Cœur.

La situation est un peu plus délicate, si l'adversaire intervient à 2◇. C'est également le Texas impossible à 3♣ qui fait office de Stayman. L'ouvreur :

- nomme sa majeure 4ème, s'il en possède une,.
- avec les deux, il dit 3♡ (le répondant nommera les Piques, s'il en détient 4),
- sans majeure 4ème ni arrêt à Carreau, l'ouvreur utilise un cue-bid à 3◇.

Les mains régulières de 8H se décrivent par un contre que l'ouvreur peut le cas échéant transformer en punitif, s'il possède une forte opposition à l'atout.

Pour décrire les jeux réguliers de 9H et plus ne comportant ni majeure 4ème, ni arrêt dans la couleur adverse, le répondant utilise la réponse " disponible " de 3♠.

INTERVENTION PAR UN 2♣ LANDY

Le Rubensohl ne s'applique pas.

- Les enchères de 3♣ et 3◇ sont forcing,
- 2 et 3SA ont la même signification que dans le silence adverse,
- Avec un arrêt dans une seule des majeures, annoncer cette couleur (cue-bid affirmatif),
- Le contre indique que l'on est susceptible de pénaliser l'adversaire dans l'une au moins des 2 majeures.

DÉVELOPPEMENTS APRÈS UN SPOUTNIK GÉNÉRALISÉ

S	O	N	E
1♢	2♣	contre	passe
?			

ATTITUDE DE L'OUVREUR

Comme toujours en pareil cas, il doit s'ingénier à donner le plein de sa main.

Annonce d'une majeure

- *Au niveau le plus bas :* 12 à 15HL(D)
  - 2♡ : ne dénie pas 4 cartes à Pique.
  - 2♠ : dénie 4 cartes à Cœur

- *Avec saut :* 16 à 18HL (forcing)
  - 3♡ / 3♠ : main bicolore - l'annonce de l'une des majeures dénie 4 cartes dans l'autre.
- *Au niveau de 4* (19-20HLD)
  - 4♡ : montre les deux majeures dans une main plutôt régulière.

Enchère à Sans-Atout

- *2SA* (12-15HL) : dénie une majeure 4ème - arrêt à Trèfle,
- *3SA* (16-19HL) : dénie une majeure 4ème - arrêt à Trèfle (dans la zone 16-17, la main est forcément irrégulière, sinon l'ouverture aurait été 1SA).

Répétition des Carreaux

- *Au niveau de deux :* 12-15HL - dénie une majeure 4ème - 5 ou 6 cartes (parfois 4 quand aucune enchère n'est possible),
- *Avec saut :* 16-17HL - dénie une majeure 4ème - 6 belles cartes.

Cue-bid

- *Simple (3♣)* : 18HL et plus - une seule majeure 4ème,
  ou 18-19HL - main régulière sans arrêt à Trèfle.
- *A saut (4♣) :* 17-19HLD - main tricolore avec une courte à Trèfle.

ATTITUDE DU RÉPONDANT

S'il le fit a été découvert, il passe, nomme la manche dans la couleur commune ou la propose.

Dans le cas contraire, il peut :

- **passer,** s'il n'a pas d'espoir de manche et que le contrat lui convient,
- **annoncer une majeure** avec 5 cartes dans la zone 8-10HL,
- **proposer la manche** ou **l'annoncer** (2 ou 3SA par exemple),
- **revenir à 3♢** (non forcing),
- **faire un cue-bid** (seule enchère forcing après un Spoutnik) afin de maintenir les enchères ouvertes et rechercher le meilleur contrat.

DÉVELOPPEMENTS APRÈS UN SPOUTNIK MODERNE (LA " COLLANTE ")

S	O	N	E
		1♣	1◇
?			

1♡ : 5 cartes et plus
contre : 4 cartes à Cœur
1♠ : 4 cartes et plus

S	O	N	E
		1♣	1♡
?			

1♠ : 5 cartes et plus
contre : 4 cartes à Pique

ATTITUDE DE L'OUVREUR

Il soutient au niveau approprié (2, 3 ou 4) la couleur promise par son partenaire dès qu'il y possède 4 cartes. Il ne la nomme au niveau de un qu'avec une main ultra minimum, ou faute de mieux avec seulement 3 cartes sans autre enchère correcte.

ATTITUDE DU RÉPONDANT À SA DEUXIÈME ENCHÈRE

- Si, après avoir contré, le répondant nomme une nouvelle couleur, il y montre au moins 5 cartes et moins de 11 points :

S	O	N	E
		1♣	1♡
contre	passe	1SA	passe
2◇			

Main de Sud : ♠ A 10 5 4 - ♡ 8 2 - ◇ R V 10 6 3 2 - ♣ 7

- En situation compétitive, après un tel départ :

S	O	N	E
		1♣	1◇
contre	2◇	passe	passe
?			

Sud dispose de plusieurs enchères :

- 2♡ : 4 cartes à Cœur et 4 cartes à Pique dans un jeu de force inférieure à 12 points (♠ R V 7 4 - ♡ A V 3 2 - ◇ 9 5 - ♣ D 6 5). L'ouvreur rectifie à 2♠ ou laisse 2♡ (contrat en 4-3),
- 2♠ : 4 cartes à Cœur et 4 à Pique dans un jeu d'au moins 12 points et l'enchère est forcing de manche (♠ R D 9 3 - ♡ A D 3 2 - ◇ 9 5 - ♣ D 6 5)
- 3♣ : soutien compétitif non forcing (♠ D 3 - ♡ R V 9 2 - ◇ 8 3 - ♣ A 10 6 5 2)
- 3◇ (cue-bid) : contrôle de courte à Carreau - fit à Trèfle - belle main (♠ A 6 3 - ♡ R D 9 2 - ◇ 6 - ♣ A D 9 4 2)

Conclusion *: si l'adoption du Spoutnik classique est indispensable, il n'en va pas de même pour le Spoutnik moderne décrit ci-dessus qui, du reste, ne fait pas l'unanimité. Ses détracteurs estiment que les avantages :*

- *connaissance rapide du nombre de cartes de la couleur du répondant, ce renseignement pouvant être fondamental si le niveau de la séquence compétitive s'élève rapidement,*
- *en cas de fit 4-4, contrat joué de la bonne main,*

ne compensent pas ses inconvénients, à savoir l'absence d'enchère appropriée quand le répondant ne possède ni 4 cartes dans la majeure, ni arrêt dans la couleur d'intervention.

2♣ ROUDI - 2♣ RELAIS-TEXAS

S	N
	1♣
1♠	1SA
?	

Le système standard comporte un certain nombre de lacunes, par exemple :

♠ AR963 - ♡ RD5 - ◇ 64 - ♣ V87

Pour obtenir un fit différé à Pique, Sud ne peut qu'utiliser le saut à 3♣ (seule enchère forcing disponible).

♠AD963 - ♡ RD5 - ◇ V87 - ♣ 85

Ici, c'est un faux bicolore à saut à 3◇ qu'il faudrait inventer.

On ne peut guère être pleinement satisfait de ces enchères, tant en ce qui concerne la distribution que l'emplacement des forces..

♠ AD963 - ♡ RV5 - ◇ V87 - ♣ 64

Il n'existe pas d'enchère intermédiaire pour montrer à la fois les 11 points HL et les 5 cartes. On ne peut que soutenir à 2SA.

♠ AD963 - ♡ V982 - ◇ RV4 - ♣ 6

Il faudrait 1 ou 2 points de plus pour autoriser le jump forcing à 3♡. On doit donc se contenter du bicolore économique à 2♡. Mais on ferait la même enchère avec :

♠ AD963 - ♡ V10862 - ◇ 6 - ♣ 92

La solution consiste, sur la redemande à 1SA, à utiliser un relais forcing à 2♣ pour apporter une solution satisfaisante à nombre de problèmes.

Il en existe deux : le **2♣ Roudi** et le **2♣ Relais-Texas** appelé aussi **Ping-Pong**.

En voici les grandes lignes :

LE 2♣ ROUDI

Il s'apparente à un Stayman permettant de connaître 3 cartes dans la majeure de réponse et la force de l'ouverture. Il garantit un minimum de 11HL.

S	N	S	N	S	N
1♣ (◇)	1♡(♠)	1♡	1♠	1♣	1◇
1SA	2♣	1SA	2♣	1SA	2♣
?		?		?	
				situation non développée	

LES RÉPONSES

- 2◇ : 2 cartes dans la majeure de réponse et ouverture mini (12-13HL)
- 2SA : 2 cartes dans la majeure de réponse et ouverture maxi (14-15HL)
- 2♡ : 3 cartes dans la majeure de réponse et ouverture mini (12-13HL)*
- 2♠ : 3 cartes dans la majeure de réponse et ouverture maxi (14-15HL)*

** il s'agit là de la dernière version de la convention. A l'origine, le caractère minimum s'indiquait par le retour au niveau de 2 dans la majeure répondue, l'ouverture maximum correspondant à l'annonce de l'autre majeure.*

Eventuellement :

- 3 dans la couleur d'ouverture : belle couleur génératrice de levées, 3 cartes dans la majeure de réponse et ouverture maxi,

- nouvelle couleur au niveau de trois : 3 cartes dans la majeure de réponse, 14-15HL concentrés dans les couleurs nommées.

Les autres enchères sont :

– Soit faibles (manche exclue) :

Répétition de la couleur

S	N
1♣	1♠
1SA	2♠

Soutien simple

S	N
1♢	1♠
1SA	2♢

Bicolore économique

S	N
1♢	1♠
1SA	2♡

S	N
1♡	1♠
1SA	2♢*

* Canapé : 4 Piques + 5 ou 6 Carreaux

– Soit fortes :

Bicolore cher

S	N
1♢	1♡
1SA	2♠

Bicolore à saut

S	N
1♢	1♠
1SA	3♡*

*5-5 espoir de chelem

Répétition à saut

S	N
1♣	1♡
1SA	3♡*

*6 cartes espoir de chelem

Saut dans la mineure ouverte

S	N
1♢	1♠
1SA	3♢

Comme les enchères propositionnelles n'ont ~~de~~ plus de raison d'être, l'enchère de 2SA est utilisée en tant que Texas pour 3♣, dans le but de décrire des jeux longs à Trèfle faibles ou forts :

S	N	
1♢	1♡	ou poursuite des enchères
1SA	2SA	
3♣	passe	

Les bicolores 5-4 avec espoir ou certitude de manche s'expriment par l'entremise du Roudi. Sur les réponses fortes de l'ouvreur : 2♠, 3♣, 3♢ ou 2SA, la situation est forcing de manche. En revanche, elle ne l'est pas sur les réponses de 2♡ ou de 2♢.

Exemples :

S	N
1♢	1♠ 5P
1SA	2♣
2P 2♢	2♡* 4C

* non forcing

12/13 HL

S	N
1♢	1♠ 5P
1SA	2♣
3P 2♠	3♡* 4C

*forcing pour retrouver un éventuel fit 4-4 à Cœur

S	N
1♢	1♠ 5P
1SA	2♣
2P 2SA	3♡* 4C

* forcing

14/15 HL

S	N
1♣	1♠ 5P
1SA	2♣
2P 2♢	3♡* 4C

* forcing

12/13 HL

LE 2♣ RELAIS-TEXAS (" PING - PONG ")

L'objectif est globalement le même que celui du 2♣ Roudi : recherche du meilleur contrat après la redemande à 1SA, mais le processus est différent : c'est le répondant qui se décrit et non l'ouvreur.

Le relais à 2♣ est un Texas quasi systématique pour 2♢ :

S	N
1♢	1♠
1SA	2♣
2♢*	

** l'ouvreur ne refuse le transfert que dans deux cas :*

- avec 3 cartes à Pique dans une main ultra minimum,

- avec 4 cartes à Cœur dans une main comportant un singleton à Pique.

LE PING-PONG PERMET DE DÉCRIRE :

5 cartes en majeure avec une distribution régulière

S	N
1♣	1♠
1SA	2♣
2♢	2SA

11-12 HL, 5 3 3 2

L'ouvreur prend la décision finale : passe, 3♠, 3SA ou 4♠

S	N
1♣	1♠
1SA	2♣
2♢	3SA

13 - 17 HL, 5 3 3 2

L'ouvreur passe ou rectifie à 4♠. Il peut même avec le fit Pique et une très belle ouverture nommer un contrôle.

Un espoir de manche en majeure

Dans la couleur de réponse

S	N
1♣	1♠
1SA	2♣
2♢	2♠

5 cartes à Pique dans une main plutôt irrégulière de 10-11 HL. Un saut à 3♠, également non forcing, montrerait 6 cartes.

A Cœur en cas de bicolore majeur

S	N
1♣	1♠
1SA	2♣
2♢	2♡

11-12 HL - bicolore majeur 5-4. Le saut à 3♡ montrerait un bicolore 5-5 d'une dizaine de points HL.

A Cœur dans la couleur ouverte

S	N
1♡	1♠
1SA	2♣
2♢	2♡

3 cartes à Cœur dans une main d'une dizaine de points HLD. L'ouvreur ne reparle qu'avec une ouverture maximum.

S	N	
1♡	1♠	fortement encourageant. L'ouvreur ne passe qu'avec une ouverture très laide.
1SA	2♣	
2♢	3♡	

Une misère en mineure

S	N	
1♢	1♠	misère à Carreau.
1SA	2♣	
2♢	passe	

S	N	
1♢	1♠	misère à Trèfle.
1SA	2♣	
2♢	3♣	

Les autres enchères sont :

- *soit faibles*

S	N	
1♣	1♠	manche exclue.
1SA	2♡	

- *soit encourageantes*

S	N	
1♣	1♠	bicolore économique d'une dizaine de points.
1SA	2♢	

- *soit fortes (forcing et naturelles)*

S	N	
1♣	1♡	véritable bicolore Cœur/Carreau.
1SA	3♢	

S	N	
1♢	1♠	fit à Carreau au moins 4$^{ème.}$
1SA	3♢	

S	N	
1♣	1♠	6 cartes avec espoir de chelem. Fitté et maximum, l'ouvreur nommera son contrôle le plus économique.
1SA	3♠	

LES SPLINTERS

Nous ne ferons qu'effleurer ce sujet qui est très vaste et qui nécessite une sérieuse mise au point au sein de la paire, tant les situations sont nombreuses et souvent délicates.

Un Splinter est l'annonce d'une couleur à un niveau inférieur à la manche, mais qui oblige à la déclarer.

Un tel saut dit " impossible " montre :

- un bon soutien de la couleur annoncée par le partenaire (ou de la seconde, s'il en a nommé deux),
- une courte (singleton ou chicane) dans la couleur nommée,
- de quoi jouer la manche et envisager le chelem, si le partenaire n'a pas de points perdus en face de la courte.

Exemples :

S	O	N	E	
		1♠	passe	La valeur d'un soutien à 4♠ avec une courte à Trèfle
4♣				♠ AV932 - ♡ A109 - ◇ 9862 - ♣ 4
		1♡	passe	La valeur d'un soutien à 4♡ avec une courte à Pique
3♠				♠ 8 - ♡ AV92 - ◇ RV4 - ♣ V9862
1♣	passe	1♡	passe	De quoi soutenir à 4♡ avec une courte à Pique
3♠				♠ 5 - ♡ AD102 - ◇ R94 - ♣ ARV82
		1♠	Passe	Une force suffisante pour soutenir à 3♡ forcing avec
2♣	passe	2♡	passe	une courte à Carreau
4◇				♠ 83 - ♡ RD93 - ◇ 4 - ♣ AV10532
		1♣	Passe	Comme pour un soutien à 4♠ mais avec une
1♡	Passe	1♠	passe	courte à Carreau
4◇				♠ AV73 - ♡ AD94 - ◇ 3 - ♣ V932
1◇	Passe	1♡	Passe	Soutien maximum avec singleton Trèfle
2♡	passe	2SA	passe	♠ RD64 - ♡ AV72 - ◇ RV93 - ♣ 2
4♣				
		2◇	Passe	Après la réponse négative de 2♡, de quoi soutenir à
2♡	passe	2♠	passe	3♠ avec une courte à Carreau
4◇				♠ DV83 - ♡ 9654 - ◇ 7 - ♣ D1042
1♣	passe	1♠	2◇	La force pour un soutien à 4♠ avec courte à Carreau
4◇				♠ ADV3 - ♡ R932 - ◇ 4 - ♣ ADV5
		1♡	2♣	Une courte à Trèfle dans une main de soutien à 4♡
4♣				♠ RV4 - ♡ A9732 - ◇ V973 - ♣ 5

LE 2SA FITTÉ

La valeur du 4ème atout dans la main du répondant à une ouverture majeure revêt une importance considérable, aussi bien dans l'annonce des manches et des chelems, que dans les situations compétitives.

Il en découle, entre autres, que le soutien direct au palier de trois nécessite impérativement 4 atouts.

De ce fait, à partir de 11HLD, la présence de seulement 3 atouts impose un changement de couleur préalablement à l'expression du fit. Cela présente des inconvénients non négligeables, entre autres :

- la description le plus souvent inutile de la main de l'ouvreur,
- la complexité des séquences de fit différé, notamment avec des mains fortes.

Exemple :

1♠	2♣
2♠	3◇
3SA	4♠

où il faut transiter par une 3ème couleur avant de soutenir.

Pour pallier cet inconvénient, de nombreux joueurs ont décidé de conférer à la séquence classiquement propositionnelle :

1♠	2♣	
	2♠	3♠

un caractère forcing au même titre que :

1♠	2♣
2◇	3♠

Pour traiter les mains de 11-12HLD avec 3 atouts, ils utilisent la réponse conventionnelle de 2SA FITTÉ.

1♠ 2SA montre 3 cartes à Pique et 11-12HLD pas forcément réguliers.

La situation est identique après l'ouverture de 1♡, à la nuance près que 2SA dénie 4 cartes ou plus à Pique. Donc dans les séquences :

1♡	1♠		1♡	1♠
2◇	3♡		2♡	3♡

le soutien différé à 3♡ garde son caractère propositionnel (dans la seconde d'entre elles, il peut même être donné avec seulement 2 Cœurs puisque l'ouvreur en a promis 6).

Sur une enchère aussi précise que 1♠ 2SA, l'ouvreur revient à 3♠ avec une ouverture faible, saute à la manche sans espoir de chelem, et dans le cas contraire, il nomme ses couleurs de façon naturelle.

Enfin, quand le répondant a l'intention de répondre 2SA naturel (11-12HL réguliers sans majeure ni fit), il change de couleur, puis il nomme les Sans-Atout au niveau le plus bas :

1♡	2♣		1♡	2♣		1♡	1♠
2♡	2SA		2◇	2SA		1SA	2SA ou 2♣ Relais

Dans la même collection :

R. Berthe et N. Lébely	La défense et ses secrets
R. Berthe et N. Lébely	Enchères - Jeu avec le mort
R. Berthe et N. Lébely	Le Squeeze simple Pas à Pas
R. Berthe et N. Lébely	Bien enchérir en attaque
M. Bessis et N. Lébely	Bien enchérir en défense
J. Le Dentu et R. Berthe	Mesurez-vous aux champions
E. Kantar	Réussir et battre un même contrat, t. 1
E. Kantar	Réussir et battre un même contrat, t. 2 *Attaque et défense*
Marc Kerlero	Enchères mode d'emploi
Marc Kerlero	Flanc mode d'emploi
Marc Kerlero	Les soutiens majeurs du répondant
Ron Klinger	100 Conseils pour gagner
Mike Lawrence	Devenez un as du Patton suisse
Victor Mollo	Maîtres et monstres
M. Kerlero et N. Lébely	Enchères à la française - *Exercices*
R. Berthe	Plans de jeu Pas à Pas - *Les atouts répartis 4-4*
N. Lébely - D. Pilon	Tops secrets - *Les problèmes de l'ouvreur.*

· · · SAGIM · · ·

Achevé d'imprimer en novembre 1997
sur rotative Variquik par l'imprimerie
SAGIM à Courtry (77)

Imprimé en France

Dépôt légal : novembre 1997
N° d'édition : 10574 - N° d'impression : 2588
ISBN : 2-246-43922-1